武术文化传承
与健身推广研究

陈 辉 著

吉林大学出版社
·长 春·

图书在版编目(CIP)数据

武术文化传承与健身推广研究 / 陈辉著. —长春：吉林大学出版社，2020.1
ISBN 978-7-5692-6066-3

Ⅰ.①武… Ⅱ.①陈… Ⅲ.①武术－传统文化－文化研究－中国②健身武术－研究－中国 Ⅳ.①G852

中国版本图书馆 CIP 数据核字(2020)第 021008 号

书　　名	武术文化传承与健身推广研究 WUSHU WENHUA CHUANCHENG YU JIANSHEN TUIGUANG YANJIU
作　　者	陈　辉　著
策划编辑	孟亚黎
责任编辑	刘　佳
责任校对	刘守秀
装帧设计	崔　蕾
出版发行	吉林大学出版社
社　　址	长春市人民大街 4059 号
邮政编码	130021
发行电话	0431－89580028/29/21
网　　址	http://www.jlup.com.cn
电子邮箱	jdcbs@jlu.edu.cn
印　　刷	北京亚吉飞数码科技有限公司
开　　本	787mm×1092mm　1/16
印　　张	16.75
字　　数	217 字
版　　次	2021 年 3 月　第 1 版
印　　次	2021 年 3 月　第 1 次
书　　号	ISBN 978-7-5692-6066-3
定　　价	82.00 元

版权所有　翻印必究

前　言

武术文化是我国和世界优秀文化的重要组成部分，在推动人类社会发展的进程中发挥了重要的促进作用，在当前新时期仍然具有重要的文化、社会、国际影响，具有文化传承的必要性与重要性。

我国传统武术文化是建立在古老东方传统文化基础上产生的优秀民族文化，在以往社会发展中，极大地丰富了社会精神文明和百姓生活，并对社会伦理道德建设、人与社会和谐发展具有重要促进作用。在当前社会，传统武术的社会文化建设、社会精神文明建设价值仍然存在，而且更加重要，值得重点关注。但是由于当前武术文化生存的社会环境发生了重要变革，武术文化面临着是否能可持续发展的问题，可喜的是当前我国全民健身的社会发展环境给武术在现代社会中的生存提供了新的体育发展需要和新的文化发展空间，因此特撰写《武术文化传承与健身推广研究》一书，深入探讨新时期武术文化的科学化传承与武术健身的全民推广与参与的科学发展道路，以为传统武术的现代化创新发展提供理论指导与发展建议。

全书共九章，对武术文化及武术健身进行了全方位立体解析与研究。第一章为武术概述，系统阐释了武术运动基本理论知识，包括武术的概念与分类、起源与发展、内容与流派，以及武术发展现状，便于读者对武术有一个全面的了解与认知；第二章为武术文化内涵与传承内容体系解析，主要包括两个方面的内容，即武术文化内涵、武术文化传承内容体系；第三章为武术文化传承与变革的辩证思考，深入分析了现阶段对传统武术文化传承的必要性，并结合当前世界竞技体育发展背景，对武术的现代化技击嬗变进行了深入研究,同时深入探讨了文化视域下武术文化的认同与自我觉醒;第四章为武术文化传承的基础与可行性分析,在对武术文化传承的基础理论内容分析的基础上,重点就武术文化传承与和谐社会构建、全球化背景下武术文化发展机遇进行了详细分析与研究;第五章为武术文化传承的利好环境与策略,阐释了武术文化传承环境,对武术文化传承与非物质文化遗产保护、武术文化的教育传承进行了系统论述;第六章为武术健身推广的意义性研究,指出了武术健身推广与武术文化传承的目标的统一,对武术健身推广的社会背景进行了分析,指出了新时期大众武术健身与全民健身的有机融合的发展策略;第七章为武术健身基础研究,主要就武术基本功、基本动作、拳术套路健身、器械套路健身的内容与方法进行了详细阐述;第八章和第九章分别就武术健身养生、武术搏击健身内容进行了重点解析,具体武术运动项目包括太极拳、八段锦、五禽戏、易筋经,散打、擒拿、摔跤,内容丰富,为不同武术运动健身爱好者提供了多样化的武术健身选择。

在撰写过程中,本书突出了以下几点。

第一,系统完整,科学严谨。本书对武术的研究全面系统,涉及武术运动健身、武术运动文化的方方面面,无论对武术健身还是武术文化的研究,均建立在武术运动规律、武术文化发展规律的基础之上,是理论基础上的武术健身与文化探讨。

第二,亮点突出,角度新颖。本书的第三章、第四章、第五章为本书的亮点,结合当前国内、国际最新文化发展动态和趋势,以及社会、经济、文化、体育、科技等各方面的发展特点对武术文化传承进行了深入的研究,全面剖析了武术文化的传承背景、传承环境、传承问题以及传承策略,对新时期武术文化的现代化传承具有重要的指导与启发价值。

第三,注重历史审视,时代特点突出。本书对武术文化传承的研究建立在武术文化发展的历史规律总结的基础之上,同时就现阶段文化视域下武术文化的科学化持续发展进行了探索,肯定了武术文化在现代社会的重要地位与作用,肯定了武术文化的重要文化价值,强调武术文化在当今社会仍然是一种优秀的值得重点传承的文化,要建立武术文化自信、探索武术文化的现代化传承与发展之路。

第四,紧密结合社会发展,健身实用指导性强。本书对武术健身内容的研究与当前我国的社会发展需要充分结合,指出了"全民健身""健康中国"背景下武术健身的全社会推广与普及,探讨了促进全民参与武术健身的可行性途径,并对主要的武术健身内容与方法进行了详细阐述,便于大众参考学练,有助于提高大众武术健身参与的科学性,具有重要的健身实用指导价值。

本书在撰写过程中,参考和引用了一些学者关于武术文化、武术健身的观点和相关资料,在此表示衷心的感谢。由于笔者水平有限,书中难免存在不足之处,恳请广大读者批评指正。

作　者

2019 年 6 月

目　　录

第一章　武术概述 …………………………………………… 1
　　第一节　武术的概念与分类 …………………………… 1
　　第二节　武术的起源与发展 …………………………… 7
　　第三节　武术的内容与流派 …………………………… 22
　　第四节　武术发展现状 ………………………………… 28

第二章　武术文化内涵与传承内容体系解析 ……………… 33
　　第一节　丰富的武术文化内涵 ………………………… 33
　　第二节　丰富的武术文化传承内容体系 ……………… 53

第三章　武术文化传承与变革的辩证思考 ………………… 58
　　第一节　武术文化传承的必要性 ……………………… 58
　　第二节　竞技体育背景下武术的技击嬗变 …………… 63
　　第三节　文化视域下武术文化的认同与自我觉醒 …… 71

第四章　武术文化传承的基础与可行性分析 ……………… 83
　　第一节　武术文化传承基础理论体系 ………………… 83
　　第二节　武术文化传承与和谐社会构建 ……………… 95
　　第三节　全球化背景下武术文化发展机遇 …………… 101

第五章　武术文化传承的利好环境与策略 ………………… 107
　　第一节　武术文化传承环境分析 ……………………… 107
　　第二节　武术文化传承与非物质文化遗产保护 ……… 113
　　第三节　武术文化的教育传承 ………………………… 116

第六章 武术健身推广的意义性研究 ……………………… 127
第一节 武术健身推广与武术文化传承的目标统一 … 127
第二节 武术健身推广的社会背景分析 ……………… 130
第三节 大众武术健身与全民健身的有机融合 ……… 135

第七章 武术健身基础 …………………………………… 146
第一节 武术基本功与动作健身 ……………………… 146
第二节 武术拳术套路健身 …………………………… 156
第三节 武术器械套路健身 …………………………… 175

第八章 武术健身养生 …………………………………… 191
第一节 太极拳 ………………………………………… 191
第二节 八段锦 ………………………………………… 208
第三节 五禽戏 ………………………………………… 213
第四节 易筋经 ………………………………………… 217

第九章 武术搏击健身 …………………………………… 224
第一节 散打 …………………………………………… 224
第二节 擒拿 …………………………………………… 235
第三节 摔跤 …………………………………………… 243

参考文献 …………………………………………………… 255

第一章　武术概述

武术是中国传统体育和中国传统文化的优秀代表,在我国各时期的社会文明发展中都发挥了重要的文化推动作用和社会精神文明建设作用。武术起源于远古社会,在中国传统文化基础上吸收了多元文化精髓并最终诞生,对促进社会进步和丰富我国人民群众思想发挥了重要的影响作用,同时其作为一种特殊的体育运动,在促进人民群众健身养生方面亦发挥着重要的影响作用,武术兼具文化属性与体育属性。为更加全面地认识、了解与理解武术,这里重点就武术的基本理论知识内容进行系统全面的阐述与解析。

第一节　武术的概念与分类

一、武术的概念

(一)武术的词义解析

在我国不同的文献中,对"武术"一词的理解与解释不同。随着武术的不断发展,武术的概念内涵和外延也在不断发生着变化。关于"武术"一词的词义不同学者从不同角度进行了解析。

"武术"一词,在我国文献中,最早见于南朝《文选》颜延年《皇太子释奠会》诗中:"偃闭武术,阐扬文令。"颜延年诗中"武术"一词意指"停止武战,发扬文治",而并非现在所说的武术。颜延年在其诗中对"武术"的词义解释,显然与我们现代所理解的武术的含义相去甚远,甚至思维并不在一个同等维度上,所以这只能认为是给我们为"武术"下定义的一种另类的参考。

许慎在《说文解字》中解释:"武,止戈为武;术,思通造化、随通而行为术。"其中对"武"和"术"的字面含义进行了较为详细的解析,即"武"是停止打仗的意思,具体来说,"止"就是停止的意思,"戈"则泛指一切战争中使用的工具,通常为兵器。所谓"术"就是一种哲学思想,是一种达到通达的境界的方法。在这段对"武术"的语句描写中,是将"武术"放在了一定的语言环境中,而实际上这些关于"武"的意思并非"武"的本义。

在我国古代的文学巨典《礼记》《汉书》和《荀子》中都有关于武术内涵的解析,如《学记》将武术的具体内容概括为"执技论力"。另外两书又称"武术"为"技击",汉代又称为"手搏"之技。

《辞海》中,对"武"的解释为是一种"干戈军旅之事";"术"则为"整军经武的技术和方法"的意思。从字义上讲,"武"字被解释为依靠威力服人,或是"讲武论勇"。为此由武术字义,就可以将其看作是一种力、技、击、法的方法。

武术的概念始终处于不断变化发展中。要想探讨真正的传统武术概念,就需要对不同时期的传统武术概念的发展变化有所了解。因为每一个时期对传统武术概念的表述都反映出当时的社会背景,普通百姓及统治阶级对武术的态度。

尽管武术不断发展和变化,但武术始终以"技击"为根本属性,武术的技击属性始终不变。我国传统武术具有攻防技击价值,许多具有这一本质属性的格斗技术聚集在一起,就构成了武术。

概括来讲,在我国古代,"武术"指军事技术,即古代战争技术。也正因如此,"兵器"被称为"武器","军事"被称为"武事","军备"被称为"武备"。现在的"武术",多指强身、自卫的技击技术。

(二)武术的概念内涵

武术的概念在不同的时期有不同的解析,关于武术概念的内涵的理解也处于不同的变化之中。

由于武术是产生在我国古代,与我国传统文化之间具有非常密切的关系,同时,武术也是我国传统文化的重要组成部分。因此,很多学者就武术的"传统"属性进行了研究,并从传统角度入手,对武术的概念内涵进行了详细解析。

一般认为,"传统"具有以下特征。

(1)传统是古代人民集体智慧的结晶,并非个人的体验和创作。

(2)传统是约定俗成的,兼具普遍性和典型性。

(3)传统具有连贯性和持续性,是一个动态发展过程。

结合对"传统"的理解,"传统武术"至少包含以下两重含义。

(1)传统武术的时间概念:传统武术与现代武术形成鲜明对比,在不同的社会文化环境中,武术的概念内容不同。

(2)传统武术的意义概念:传统武术与竞技武术的意义不同,二者的内容、形式等具有明显的区别。传统武术在我国能够将传统的中国文化特点转化为外在的形式表现出来,并且它还连带将传统哲学思想一同展现,其用武之道也是对我国传统伦理观念的直接体现。

关于传统武术的概念描述与界定,我国一些学者的概念界定见表1-1。

表1-1 传统武术的几种概念界定

学者	传统武术概念
杨本升,刘爱荣,李成银	中国传统武术是我国劳动人民创编的,是民族传统运动项目,具有技击、强身健体、医疗和观赏等特点
王少军	传统武术是综合性运动。传统武术以功夫之生命,则无与伦比
贾利	传统武术是民间武术和各个流派的技术总称
申彦庆	传统武术是以套路、散打、功法练习为内容,以家师传承为方式,以技击为价值,体用兼备的体育活动
于海滨	传统武术是具有地域性特征和习练人群的中华民族体育项目

续表

学者	传统武术概念
张瑞洁,支俊才	传统武术是典型的中华传统文化,它以套路、功法、格斗等为练习形式,注重内外兼修,融教育、技击、修身、养生、健身等多种功能于一身
国家体育总局	传统武术是指竞技武术以外的武术拳种

鸦片战争以后,我国近代的社会文化发生了重大的改变,作为中国传统文化典型代表的武术也深受西方文化影响,发生了改变,近代武术的概念内涵和漫长的封建社会中的"武术"相比,在概念内涵上发生了重要变化。

晚清时期,"武术"的词义更加丰富化,在《神州日报》1908年7月的一篇文章中说道:"论今日国民宜崇旧有之武术。"这一时期西方科学逐渐被我国接受,与之相关其他概念等内容也愈发追求标准化和具体化。使得"武术"和"国技"之间的模糊与重叠获得了一些校正。最终武术的形式被命名为"国术"。"国术"的出现,说明了人们认识并确立了武术不同于其他国家技击之术的范畴,明确了武术的中华民族特色。

1932年,《国民体育实施方案》中提出:武术作为国术,原本是中华民族具有的进行身体活动的锻炼方法,武术能够给人们提供相应的自卫技能,同时也是健身锻炼的重要手段。此时的武术在军事领域的作用大不如前,在实际战斗中只有在近战时才有作用,这与早期的武术已经大有不同了。

"武术"改称为"国术",这一名称的重要变化,其根本是对传统武术身上所承载的中华民族传统文化与西方体育文化的对比分析与认知。著名学者马明达先生对当时民国时期普遍使用的"国术"一词做出解释,进入近代以后西方竞技体育项目大量涌入我国,西方思想文化和西方列强从社会经济等多个方面破坏了我国社会经济文化认知,我国正处于民族危机之中,"武术"改称"国术"与当时特殊历史条件下我国民众积极提倡"强国强种"奋进口号的精神倡导相吻合,我国民众并未完全对武术的健身、健心和审美情趣等价值予以否定。从概念来看,"国术"既肯定了武术作为人们进行身体锻炼的工具,又着重强调了武术能够给人们提供一些自卫技能,武术具有的体育性质和技击特点,同时能够使人们更为清晰地认识到武术是我国民族固有的进行身体锻炼的方法。"国术"的字面概念含义与"武术"相比,更具多元化和综合化,"国术"的主体是古代"武艺"遗存下来的一些民间体育项目的组合体,是当时人们词语概念中"土体育"(本土体育)的官方称谓。"国术"所包含的概念内容与"武术"相比,更为广泛,"国术"囊括的内容较多,它不单单是武术的称谓,甚至还包括一些民族传统体育的形式与内容,因此,民国时期广泛应用的"国术"是一个具有多元结构的复合体,武术是"国术"的重要组成部分。

中华人民共和国成立以后,为了尽快和稳步促进我国民族传统体育的发展,我国非常重视对包括武术在内的民族传统体育文化的挖掘、整理与研究。这一时期,我国学者将民国时期的"国术"进行了拆分,并重新划分类别,重新使用"武术"一词,学者们一致认为,"武术"的具体内容包括拳术、器械、对练、集体演练、散手和推手等。

1957年,在"关于武术性质问题的讨论"会议上,学者们经过讨论一致认同武术的技击本质,同时也肯定了传统武术所一直具备的健身、健心价值,否定了一些学者的"武术即技击"的"唯技击论"的片面观点。

1961年,我国出版了第一本武术教材,即《体育学院本科讲义·武术》,该教材中对武术的概念内涵进行了解析,指出武术是以拳术、器械套路和有关的锻炼方法所组成的民族形式体育,是我国民族文化遗产。同时,指出武术是带有技击性质的民族体育项目,肯定了武术的社会功能,并介绍了武术的丰富多彩的运动形式。这一时期对武术的概念内涵的解释,武术的技击性质在概念阐述中被淡化了。

1978年,我国出版了新的武术教材,即《体育系通用教材·武术》,该教材对武术概念的表述为:"武术,是以踢、打、摔、拿、击、刺等攻防格斗动作为素材,按照攻守进退、动静疾徐、刚柔虚实等矛盾相互变化的规律编成徒手和器械的各种套路。"同时指出武术是民族形式的体育运动,是增强体质、培养意志、训练格斗技能的体育运动。该概念对武术的每一个特点都进行了较为全面、详细的概括,特别明确地指出了武术的技击特征,与之前的武术教材中对武术的概念阐述表现出了更强的客观性,强调了武术的技击特点,同时也对这一上述概念进行了说明,从而将武术与现代竞技体育进行了一个初步的结合,为以后武术的竞技化发展做出了理论性的尝试,也为之后人们开展武术概念的相关研究工作提供了思想指导。

此后,在武术教材的编写中均对武术的概念界定进行了不断完善,2005年7月出版的高等学校教材《武术》,将武术概念描述为"以技击动作为主要内容,以功法、套路和搏斗为运动形式,注重内外兼修的中国传统体育项目"[①]。

随着我国对武术发展的重视和在国际上对中国传统武术文化的推广,越来越多的人开始了解到中国武术,为了进一步在国际范围内更好地推广武术运动,我国确立了武术在国际上的通用名称,英文"Wushu"。"Wushu"一词的确立,标志着原始的技击、武艺、国术等从一种复合的、外延广泛的民族体育体系转变成为一种走向单一化的富有浓厚民族特色和东方文化色彩的体育运动项目。

(三)武术的概念外延

在我国武术的发展过程中受到了传统文化和西方外来文化的影响,近代以来,西方外来文化传入我国后对我国的传统文化产生了很大的冲击,这其中就包括传统武术文化。火器发明之后,凭借其杀伤力、杀伤面和杀伤距离等优势被更多使用到了军事领域,我国传统军事中的武术技击价值大大降低,传统武术的

---

① 李翠霞.结构武术[M].北京:经济日报出版社,2016.

军事功能逐渐弱化,传统武术在人民群众中更多的是以强身健体的运动形式存在。

随着我国传统文化的不断发展,我国武术的内容体系越来越丰富。但必须指出的是,武术的本质——技击价值仍旧没有完全消退,仍旧可以使练习者掌握一定的攻防技击能力和技术,以便在必要时起到防身的作用。

武术传承到今天,已经与过去大有不同了,概括来讲,从传统武术概念的外延来看,武术是包括不同运动形式和不同演练特点的所有武术项目。

二、武术的分类

我国武术历史悠久,内容丰富,根据不同的分类标准可以将武术分为不同的类别。如以地域划分、以流派划分、以习练人数划分、以价值取向分类、以时代特征分类。

这里主要以武术运动形式为分类标准,将武术分为套路运动和搏斗运动。关于不同武术的具体内容将在本章第三节详细介绍。

第二节 武术的起源与发展

一、武术的起源

(一)武术的雏形

1. 武术技能动作的生产生活基础

武术是在人类生产生活中产生的,武术的运动雏形产生于原始人类社会。远古时代,生产力极为低下,人们依靠大自然来获取最基本的生存资料,人们的生存生产环境十分恶劣,必须要与大自然进行不同形式的斗争才能获得生存。人们在长期的生产活动当中,通过一些日常与野兽进行抵抗的技能动作(拳打、脚踢、躲闪等)和原始工具(石头、木棒、兽骨等)形成了最初的搏斗技能——劈、砍、刺等,经过实践活动逐渐熟悉掌握,并有意识地传授给下一代。传统武术基本动作的原型都源于这些技能。

人类群居而生,生产生活技能代代相传,这是人类得以从远古时期一直发展和拥有现代文明的重要基础,早期人类与自然搏击、与兽争斗的各种技能有意识地不断改进并传授给下一代,也正因如此,传统武术的发源通常被认为是原始社会的简单搏斗技能。但是,这种原始的、基于本能的技能依旧属于生产技能的范畴,它的产生为武术技能的动作丰富和取材奠定了基础,并没有脱离生产,还不属于体育范畴,也不能称其为真正的武术技能。

在人与大自然进行抗争的技能经验积累的基础之上,传统武术技能得以形成,并不断得到丰富与进一步的发展。随着人类生产技术、技能的不断进步,人类开始制作和使用各种工具,人类对器具的使用促进了武术原始技术的进一步发展和武术雏形的形成。据相关研究,在旧石器时代晚期,大量石器工具(石器、石球、石斧、石铲等)不断出现,而且快速发展起来;新石器时代,人们的生产工具更加丰富(出现石刀、骨制鱼叉、箭镞、铜钺、铜斧等工具),生产、狩猎水平进一步得到提高。一系列生产、狩猎工具的发展和创新使人类的砍、劈、击、刺等技术不断走向成熟,为武术技能的形成和武术这一文化形式的产生奠定了重要技术动作基础。

2.武术技能原型的社会化

在研究武术的产生与发展问题时,必须明确的一点是,武术是一种社会文化,与自然的争斗不属于社会文化范畴,只有人与人之间的斗争才具有攻守矛盾的存在,才符合技击的逻辑本质,在此基础上形成的搏斗技能才具有社会文化的属性。

人类战争的出现使得人与人之间的搏击不可避免,这为人与人之间的体力、技能、技巧等的比拼提供了条件。

人与人之间的搏杀、格斗正式催发了武术,武术技能脱离生产实践,正式成为一项具有社会属性的技击技术。因此说,人与人之间的搏杀是武术产生的前提,它将人类格斗技能从生产劳动中分离出来,成为武术运动真正萌芽的土壤。

原始社会末期,大规模的部落之间的战争开始出现。对此,《吕氏春秋·荡兵》中记载:"未有蚩尤之时,民固剥林木以战矣。争斗之所自来者久矣,不可禁,不可止。"另据《世本》记载:"蚩尤作'五兵':即戈、殳、戟、酋矛、夷矛。"客观来讲,兵器的发展对于人们使用兵器技术的提高与进步起着积极的促进作用,人与人之间的搏杀与格斗促进了器械的制作以及器械使用技术、技击技术的发展,战争的出现,使人类的格斗技能脱离原始生产劳动,发展成为一种社会技能,为武术正式产生奠定了文化和社会性基础。

3. 武术动作套路的形式化

早期人类对大自然和社会发展规律的认知十分有限,早期宗教为人类探索自然和社会发展提供了精神方面的寄托,"武舞"是一种重要的宗教活动形式与内容。

"武舞"是原始社会人们在狩猎与战事活动前后的一种祈祷、庆祝、表演活动。史料记载:"大禹时期三苗部族多次反叛,部落间战争不断,后来,禹停止战事,让士兵持盾斧操练'干戚舞'请三苗部族的人观看,三苗部族被慑服而臣服于大禹。""武舞"内容丰富、舞蹈种类多样,"干戚舞"是其中的一种。"武舞"的出现为之后武术套路的形成奠定了基础。

"武舞"的出现和发展对武术动作套路的形成与发展具有重要的影响,可以说,武舞的出现,客观上为武术套路的形成奠定了一定的基础。从表面来看,"武舞"主要是通过对狩猎或战争场景的模拟,有鼓舞本族民众、震慑敌人的效用;从本质上来说,武舞是对搏杀技能的一种操练，按一定的程序对将要用于实战斗争的经验进行的一种演练，反映出古代人们对武术的认识开始由感性向理性不断升华。一些丰富的知识、技能、身体活动和风俗习惯等都蕴含在武舞中，并形成了一些稳定的武舞动作，进而被武术运动吸收成为武术动作的重要参考和组成内容。

综上所述，战争和"武舞"为武术技能的发展和武术套路形式的出现奠定了重要基础，但是，必须认识到，原始社会的这些武术雏形并不是人们有目的、有计划的体育活动，这些活动也不属于体育活动范畴，这一时期的类似武术的活动并非真正的武术。

（二）武术的形成

武术是在历经了生产力十分低下的原始社会，后在阶级社会正式形成的。

阶级社会初期，家族私斗和部落战争频发，为了在身体对抗中获胜和不受伤，一些比较成功的击、刺、出拳、踢腿等技术动作逐渐被人们模仿、练习和传授。在这一过程中，人们的搏斗经验得到了丰富，同时，人们对搏斗技能的掌握日益规范化和实用化。兵器的丰富更进一步为武术器械技能的形成和丰富奠定了基础，这一时期，武术发展成为专门为统治阶级服务的军事技能。

随着人类社会的不断向前发展和推进，人们的生产力和生产方式不断进步，奴隶社会的矛盾不断加剧，奴隶制逐渐崩溃，因此，奴隶主贵族在军队和教育方面对武技的垄断局面被彻底打破。社会上开始出现"士"阶层和"游侠"，这两个阶层的出现和他们对于武术技能的丰富、传承，使得武术向民间传播、发展。

从社会文化的角度来看，武术从上层社会向民间传播，武术在民间的发展进一步丰富了武术体系，民间武术开始兴起并迅速发展起来。民间武术内容多样，呈现出多样化的发展特性。练习武术的人不断钻研与尝试不同的武术技法，并对其进行比较。武术的攻防技巧和多样化的战术打法（如进攻、防守、反攻、佯攻等）

日益讲究,与此同时,民间武术技能水平也在不断提高。

二、传统武术的发展

(一)古代武术的发展

1.先秦武术的发展

夏朝是我国封建社会的第一个朝代,夏朝属于奴隶制社会,统治阶级和奴隶间的战争给技击技术的发展提供了机遇。这个时期的战斗主要在车上进行,为了适应这种战斗方式,一些武术也针对战斗的需要进行了修改和完善,组合也更加合理,如戈与矛结合而产生的戟。夏朝还出现了专门以武术技能传授为主要内容的"序"和"校"等教育机构,它们以武术为主要内容,向人们传授各种武技。

殷商时期,以发展农业经济为主,田猎在这一时期已经不是人们获得生产生活资料的唯一方法和途径,但其存在仍具有重要意义,逐渐发展成为一项具有军事意义的集体活动,通过田猎训练,提高士兵使用各种武器、驭马驾车等的技术水平。由于田猎活动本身就融合了身体、技术以及战术等多方面的训练,制作精良的青铜器(如矛、戈、戟、斧、钺等)在田猎中被人们大量使用,从而使武术的杀伤力得到了较大的提高。田猎成为这一时期奴隶主对士兵的军事技能进行训练的重要手段和内容。此外,殷商时期,青铜冶炼技术得到了大幅度的提升,一些直到今天人们都耳熟能详的兵器被制造出来。兵器拓展了人的技击术的杀伤力,同时也使得武术的军事威力大增。

发展到西周时期,统治阶级非常重视对贵族子弟的教育,这一时期的贵族子弟教育内容主要以"六艺"(礼、乐、射、御、书、数)为主,以此来使维护奴隶主贵族专政的目的得以实现。一些教育内容(乐、射、御)在客观上丰富了武术内容。具体来说,"乐""射"

"御"对武术的发展有着直接的影响。其中,"御"指的是驾驭战车,"射"指的是射箭,"乐"指的是周朝开国时期的一种舞蹈,这种舞蹈是向四方(东、南、西、北)各做四次击刺动作,为之后武术的套路和技法(如"打四门")奠定了基础。

春秋战国时期是我国较为混乱的时期,这一时期,诸侯争霸,战事频繁,铸造工艺和练兵习武使武术获得了极大的发展,诸侯各国为了在各战事中取得胜利,统治者积极备战"兵务",在统治领域内广泛选用拳技、臂力、筋骨强壮出众的人为抗击敌人的士兵。同时,为了进一步发现和吸纳武艺高强的人才,每逢春秋之际,统治者都会举行全国性的"角试"比赛活动,通过"角试"对武艺高强的人进行选拔,将选拔出来的人才充军,以此来促进军队战斗水平的提高,从而为赢得战争胜利提供保障。《管子·小匡》记载:"为使齐国强盛,宰相管仲实行兵制改革,为了寻找军事人才,齐国会每年举办两场武术比赛,优胜者将被充实到军队中,特别出色者甚至可以封武官。"

整个春秋战国时期,在统治者重视武技发展的社会背景下,社会习武之风盛行,当时不仅盛行击剑,文人佩剑也蔚然成风,武术的格斗技能迅速发展起来。值得一提的是,春秋战国时期击剑之风更是风靡一时,据《吴越春秋》中记载:古代越国有位著名的女击剑家,时称"越女"。越女剑技出众,且其技击理论系统成熟。越女认为:"剑术看似浅显,实则精妙,包含开合与阴阳变化,凝动静、快慢、攻防、虚实、内外、逆顺、呼吸等为一体。"可见当时的击剑理论已经较为成熟了。这也为武术的理论体系研究和丰富奠定了思想基础。

2. 秦汉武术的发展

秦汉时期,武术内容体系更加丰富,并开始出现早期的内容分化,开始有了拳术、剑术、象形武术等基本的分支。

至汉朝,统治者高度重视武器武备和军事训练的发展,有统治者还认同武术是固家之本。"兵民合一""劳武结合",整个社会形成了全民尚武的风气和局面。

在军事武术中,剑的地位逐渐被刀取代,到了三国时期,刀已经成为军队中最主要的短兵器。整个秦汉时期,武术发展主要集中在体系丰富和技能理论发展两个方面。一方面,军队中短兵器逐渐取代剑(刀成为主要兵器),刀在战事中更具杀伤力,因此得到广泛应用。

除了实际的武术技击术和兵器的主流转变外,一些论述武术的书籍开始出现,如收录了《手搏》6篇、《剑道》38篇的《汉书·艺文志》,论述习武者"非信廉仁勇,不能传并论剑,与道同符"的《史记·太史公自序》等。习武者"武德"要求的基本形成就是以这些文献的出现为主要标志的。

在武术的对外交流与传播方面,秦汉时期,我国的刀剑之术、相扑、角抵等不断被传到日本,这也是武术在秦汉时期发展的一个重要特点。

3. 两晋南北朝武术的发展

两晋南北朝时期,政权更迭快、多国并存,呈现出民族大融合的局面,这一时期,动荡的社会大环境使得武艺在军中和民间都得到了进一步的发展。这一时期我国武术的发展突出表现在以下两方面。

首先,武术的文化内涵不断得以丰富,并开始与宗教思想结合起来,在武术与文化的交融中开始与佛、道的思想和法术结合起来。

其次,娱乐性的武术在民间得到了广泛的发展,如角抵戏、刀楯表演、刀剑表演、武打戏等。武术体系内容更加丰富多彩。

4. 唐朝武术的发展

唐朝时期,良好的社会环境使得经济、文化等发展繁荣,武术在这一时期也得到了广泛的发展,具体表现在以下两个方面。

(1)剑术在民间的盛行,由于以刀为主的短兵器在军事中发挥了重要作用,剑逐渐被刀取代,其地位在战争中日渐衰弱并最终退出战争,剑的搏击作用减弱,其自卫、健身、娱乐、表演等多种功能得到进一步开发,并深受民间武术爱好者和百姓的喜爱。这一时期剑术的方法开始复杂化,逐渐发展成为具有自卫、健身、娱乐、表演等多种功能的武术项目。除了剑术获得了民间的大发展外,唐朝的徒手格斗技艺发展起来,影响力也日益增强,并东传日本,为后来日本武术的发展奠定了基础。

(2)唐朝始建武举制,武举制的设立不仅对武术的发展具有重要意义,在我国整个封建社会也是一个社会制度的创新。唐朝统治者鼓励民间习武,以为朝廷选拔优秀的战事人才,这有利于武术精炼化以及规范化的发展,也有利于民间武术的发展。武举制面向社会各阶层开放,激发了人们的习武热情。重武的举措促成了唐代的尚武任侠之风,甚至文人墨客也崇尚武侠,如李白的诗句"安得倚天剑,跨海斩长鲸"。

5.两宋武术的发展

两宋时期,武术有了更进一步的发展:武术兵器不断丰富;习武组织逐渐兴起;武艺表演日渐成熟。

(1)兵器方面。两宋时期民族矛盾尖锐,民族问题始终没有彻底解决,因此,不同民族之间战争连连。战争的存在就必定使统治阶层更加重视军事武备的发展,各统治者都十分重视武备发展成为两宋时期各民族发展的一个常态,其中也少不了对武术的发展与支持,因此,军事武艺有了较大发展。战争促进了兵器的改革和进步,同时丰富了武术器械的类型、形制(如弓、弩、刀、枪、锏、棒、鞭、斧等),这些武术器械的出现提高了练习武术者的技艺水平,为武术的进一步发展创造了有利的物质条件。

(2)习武组织方面。人们长期受到统治者的压迫,希望通过习武组织与结社的建立来对统治者进行反抗。如"弓箭社""忠义巡社""锦标社""英略社"等习武结社组织都在这一时期出现,并且规模和影响力不断扩大,无疑推动了武术在民间的发展。

(3)武艺方面。宋朝时期,表演武艺的兴盛使得套子武艺开始大量出现。诸军春教时"禁中教场,呈试武艺,飞刀斫柳,走马舞刀,百艺俱呈"。这些按规定程式、规定动作进行的武艺表演,为后世武术向表演方向发展奠定了基础。

6.元明清时期武术的发展

元明清时期,为防止民间反抗,政治统治森严,禁止民间习武,在一定程度上制约了民间武术的发展。此外,明清火器的出现使武术与军事分离开来,武术地位降低。

这一时期,武术的技击功能弱化,健身、娱乐功能得到进一步挖掘,武术发展主要集中在民间,具体来说,武术的发展主要表现出以下特征。

(1)民间武术与艺术相结合获得了一定的发展。如元曲中的武打戏为武术在舞台上的表演,使得武术表演和元曲艺术都发展到一个新的高度。

(2)表演武术使得武术套路日益丰富。记载武术套路的书籍增多,如程宗猷的《单刀法选》所绘制的刀、棍等套路演练步法线路图,是我国可考究的最早的武术套路图谱。

(3)武术流派逐渐形成:我国武术拳种、流派大都发端于该时期,这一时期,各种武术流派逐步形成并获得了发展。

(4)内家拳开始出现,它直接用中国哲学理论阐释拳理,全面深刻地反映了中国文化的哲学内涵,是反映中国哲学文化的重要拳术。

(5)武术内功在武术与气功导引术的结合下开始出现。武术内功的形成与发展使武术的发展进入了一个新的层面。由此也就使我国传统武术的习练具有了"内外兼修"的功能,这也是中国武术与国外其他类型的武术的重要区别之一。

(6)对练习武术者武德的要求不断提高,而且具体到技术层面。有的要求甚至细化到了某个动作要秉持哪种道德标准。武德的出现与形成并且不断演变发展扩散,成为我国武术的重要思想内容，武德不仅对我国习武者有重要影响，对我国普通百姓的思想道德行为也有重要的影响。

在我国整个封建社会，武术的体系内容不断丰富，武术技能实践和武术技理逐渐系统化，各拳种、流派泾渭分明，为以后武术的发展奠定了良好的基础，也使得武术成为我国传统文化和体育运动的重要内容。传统武术的发展达到了一个顶峰。

（二）近代武术的发展

近代武术在以往发展的基础上，无论是内容还是形式都有了进一步的发展，此外，在武术组织、武术教育、武术观念、武术竞赛等方面更是有了新的发展，具体分析如下。

1. 武术组织的发展

武术组织的出现，在近代达到了一个顶峰。

近代中国内忧外患，一方面列强入侵，使得我国社会各阶层迫切需求寻找救国之道，体育强国成为一个重要途径；另一方面，西方体育文化对我国传统体育文化造成了极大的冲击，体育竞技化思潮极大地刺激了武术技击对抗的发展。在一些有识之士推动下，辛亥革命后，人们开始注重武术，并且开始通过一系列的措施来促进武术的进一步发展，在我国沿海和一些大城市（如北京、天津、上海等）纷纷成立武术组织。

1910年，精武体育会在上海成立，精武体育会成为当时影响最大、传播最广、维持时间最长的武术组织；1928年，国民党在南京成立了中央国术馆，各地也成立了地方国术馆，武术打破了地域、家族的限制，突破了传统武术传承中的师徒口传身教，使得武术习练大规模发展成为可能，并为武术的有组织的研究、整理和推广奠定了基础。

2. 武术教育的发展

武术具有教育功能，古代武术教育功能主要以武德对习武者的思想道德行为约束为主要表现形式。近代武术的教育功能被专门强化,表现在健身、健心、技击、德育多个方面。

(1)教育规模方面。近代武术教育不同于古代的规模小、内容少、针对专门人群的贵族教育,近代武术教育在规模、形式、教学对象、教学科学性等方面均有所发展。

(2)教育形式方面。这一时期,武术开始逐渐进入学校体育教学中,促使这一发展的是新武术的创编。1911年,一批武术名家合作编辑了《中华新武术》一书,该书于1917年被定为军警教材,于1918年被定为全国正式体操。1915年,"全国教育联合会"在天津召开,会议通过决议:"各学校应添授中国旧有武技。"教育部于1918组织召开了全国中学校长会议,会议决定在全国中学校一律添习武术。武术成为一种尚武强国的学校教育手段。尽管当时学校武术的开展情况并不尽如人意,但是,武术教育形式的创新为传统武术转型做了有益的尝试,为以后武术教育的发展奠定了重要基础。

(3)教育内容方面。这一时期,学校武术教学面向所有学生,全国各地学校均开展了武术教学,武术教学内容以增强学生体质、发展学生体能为重要基础,武术教材内容也更加科学。

武术教育功能的强化,为传统武术在近代的持续发展提供了一个持续发展的有效途径,进一步促进了武术及其文化的传播。

3.武术观念的发展

武术的持续发展,离不开统治者、学者、普通大众对武术的态度的发展,武术观念的发展在不同的时期表现出不同的特点。

在我国近代史上,武术纳入学校教育是武术及其文化传承与发展的创举,为了促进武术在学校的不断发展,我国学者对武术的研究日益深入,同时,随着西方教学思潮和体育思想的进一步影响,我国新、旧思潮交锋,并出现"土洋体育"之争,受此影响,近代开始从体育观的角度来对武术进行深入的认识、理解和解释,这为武术观念的进一步革新奠定了基础。

武术,作为我国传统文化的一个典型代表,在内忧外患时期,社会不同阶层的人从民族发展、国家存亡、国民觉醒的角度去探讨武术,武术的功能与价值研究不断深入,研究也日益客观,关于武术的健身功能、技击作用等的研究也日益深入,武术研究更加全面、深入、科学。

4.武术竞赛的发展

近代,西方文化向我国渗透,西方竞技体育文化与思想对我国不以攻击、取胜为目的的传统武术产生了重要影响。

随着武术技法和武术理论的不断发展以及武术的不断普及,民间习武的人数进一步增多,加之这一时期西方竞技体育的初步渗透,武术竞赛的举办受到了欢迎。

概括来讲,这一时期,武术竞赛体制、规则、组织等都缺乏科学性,但是,客观来讲,近代武术竞赛的举办也推动了武术的发展。

(三)现代武术的发展

结合武术发展历程,从武术理论、武术组织、武术教育、武术竞赛、武术的社会化和市场化发展对现代武术的发展进行详细分析,具体如下。

1.武术理论的发展

专门针对武术理论研究的组织和协会的成立极大地促进了武术理论研究工作的开展。

1952年,国家体委设立民族形式体育研究会,对民族体育开展了深入的研究,武术是其中的重要内容。

1957年的全国武术表演评比大会提出了发展传统项目的建议,此后,几次大型武术运动会或武术比赛中都逐渐增加了武术项目。

1963年,武术暨射箭锦标赛在上海举行。该项赛事包含的项目非常丰富,一些日常少见的武术拳、械项目让更多的人对武术有了更深的认识。

从1979年开始,国家体委在全国范围内掀起挖掘、整理武术的热潮,各地都呈现出了较高的发掘、继承武术的积极性。

1982年,全国武术工作会议召开,会上对加强武术理论建设和科学研究进一步进行了明确,标志着对武术理论研究的逐渐深入。此后经过三年努力,发掘拳理明晰、风格独特、自成体系的拳种多达129个,并出版了《中国武术拳械录》一书。

1986年、1987年分别成立了中国武术研究院和中国体育科学学会武术学会(后更名为武术分会),武术研究组织的建立和发展使得武术理论的研究走向系统化。

20世纪90年代初,我国各地武馆、武校、武术辅导站星罗棋布,学校习武的青少年达几百万人,越来越多的人开始参与武术运动。

1997年"武术段位制"的实行,从初段位、中段位到高段位共有九段。这项新措施在很大程度上促进了武术的进一步普及,武术在人民群众中得到进一步推广。

2.武术组织的发展

在现代体育的发展进程中,组织化是一个重要发展特征,武术组织化主要表现在武术管理体制的建立、发展和完善,为武术发展提供了组织保障。

1950年,中华全国体育总会召开武术座谈会,武术发展得到了大量的提倡。1952年,国家体委成立后,民族形式体育研究会成立,针对武术的系统的挖掘和整理工作相继展开。1955年,国家体委在运动司下设武术科(后改为武术处),武术开发整理上升到了一个新的国家高度。

改革开放后,为了进一步促进我国武术的发展,保护和传承这一优秀的民族文化,国家体委武术研究院成立,专门负责武术的统一管理和推广工作。

1994年,国家体委增设武术运动管理中心,我国武术的管理体制进一步完善,武术在科学化和规范化的道路上更向前迈进了一步。

3. 武术教育的发展

将武术纳入我国学校体育教育体系对于我国体育教学来讲是非常重要的一个决策,武术教育体制的发展是武术发展的重要因素和重要表现。

中华人民共和国成立后,党和国家领导人都非常重视传统武术的发展,武术被引入学校教育系统。

1956年,教育部编订并颁布了中国第一部《中、小学体育教学大纲》,《中、小学体育教学大纲》中明确规定了武术应为学校教学内容。在《中、小学体育教学大纲》的指导下,我国各级学校对武术的教学工作开始引起高度的重视,并且开始以学生的需要和发展为中心进行武术教学。由于高校在师资、器材、设备等方面都具有良好的条件,高校武术的开展效果要更好一点。

1961年,《全国大、中、小学体育教学大纲》(修订版)规定了武术课程在小学中的课程标准。

20世纪80年代以后,学校体育中的传统武术内容再次得到重视,学校体育课还实现了现代体育教学和民族体育教学的有机结合。

20世纪90年代,我国大、中、小学都有了自己配套的较为完善的武术教材。教育部分别在1996年和2000年出版发行了《武术》统编教材。

发展到20世纪末,我国学校武术教育体系已经初步形成,高校武术教育取得了较为理想的效果。

武术教育的发展为我国培养了武术人才,武术人才的出现又进一步促进了我国武术理论的发展。为进一步研究武术,在将武术纳入学校教育后,在普及武术和提高学生体质的同时,也培养了一批高层次武术研究人才,这为我国武术的进一步科学发展提供了人才保障。武术理论与武术人才发展相互促进,共同推动了我国武术的可持续发展。

4. 武术竞赛的发展

我国武术的竞技化发展以武术竞赛的举办为标志,始于1953年,之后,在党和国家的重视下,我国武术竞赛日益规范,武术竞赛体系不断完善。

1953年,我国举办了全国民族形式体育表演及竞赛大会,这标志着武术作为体育运动项目开始进入到竞赛领域。

1958年,中国武术协会组织部分专家起草了《武术竞赛规则》,这是中国第一部以长拳、南拳和太极拳为主要竞赛内容的武术规则,也标志着武术比赛的发展轨道越来越正规化。为了与武术的发展和武术竞赛需要相适应,1989年,国家体委将全国武术比赛改为全国武术锦标赛,并且进行了一系列改革,使武术比赛的公平竞争机制得到进一步强化,使武术套路及技术水平得到提高,进而为武术竞赛进入一个新的发展阶段创造了有利的条件。1990年,武术成为北京亚运会正式比赛项目。1999年,为了使散手竞赛进一步规范化和突出民族特色,散手正式改名为"散打"。

进入21世纪以后,我国为武术进入奥运会进一步努力。2003年,为了申报奥运会项目,我国重新修订了《武术(套路)竞赛规则》,使武术比赛评判的客观性得到进一步的提高,规则的修订也使得我国武术更加接近国家体育竞技规则规范和标准,使我国武术向世界竞技体育看齐,这是我国武术国际化发展的表现。

近两年,我国国际武术赛事日益增多,我国还在不断增加和扩大武术竞赛数量的基础上,提高武术竞赛质量,打造国际武术赛事,以进一步推动我国武术的竞技化、国际化发展。

第三节 武术的内容与流派

一、武术的内容

武术内容丰富,根据武术运动形式分类方法,武术主要包括三大部分的内容,即功法运动、套路运动、格斗运动。具体分析如下。

(一)功法运动

功法运动是指以单个武术动作为主进行练习,以达到健体或增强某一方面体能的武术运动。[①] 根据形式与功用,可以将传统功法运动分为以下四类。

1. 内功

内功,又称"内壮功""内养功"或"富力强身功",主要是指习武者通过专门的训练方法和手段。我国传统武术的内功的修炼方法有很多种,从形式上看主要包括静卧法、静坐法、站桩法和鼎桩法等。

习练作用:通过对人体内在的精、气、神及脏腑、经络、血脉等的修炼,可实现精足、气壮、神明、内脏坚实、经络血脉通畅、内壮外强的效果。

2. 外功

外功,又称"外壮功",是习武者针对自身进行的专门用于提高抗击打、摔跤、碰撞等的能力,是与内功相对的一种武术功法练习,常见的外功功法主要有铁砂掌、金刚指、鹰爪功等。

---

① 蔡仲林,周之华.武术[M].北京:高等教育出版社,2009.

习练作用:强健筋骨、增强体魄。

3. 柔功

柔功是习武者专门进行身体柔韧性练习的重要武术练习方法,武术基本功练习多属于此类。

习练作用:可提高肢体关节活动幅度和肌肉伸展性能。

4. 轻功

轻功,又称"弹跳功",主要是指通过各种专门的练习方法和手段,传统轻功的典型功法代表主要有"沙包功""木人桩功""排打功"等,一些传统武术轻功功法习练一直传承至今,有些功法在一定的历史阶段发挥了重要作用,但随着科学技术的发展,现在已被新的方法和器械替代,如"石锁功""石莛莽功"。轻功是提高武术专项技能的有效训练方法和途径。

习练作用:增强弹跳能力,使习武者蹦得高、跳得远。

需要注意的是,传统武术中的一些功法缺乏理论依据或纯属捏造虚构,应该慎用,如"金钟罩""铁裆功""刀枪不入""飞檐走壁""隔空打牛"等。这些是对传统武术轻功的夸张、夸大,是文学和影视艺术加工,不是武术轻功的真实反映。

(二)套路运动

武术套路以技击动作为素材,按照既定攻防形式编排,分为单练、对练和集体演练三种类型。具体分析如下。

1. 单练

单练即单人演练的武术套路,包括拳术和器械两大类。

(1)拳术

拳术是传统武术的重要内容之一,是习武者徒手演练的武术套路,主要拳种有长拳、南拳、太极拳、八卦掌、象形拳、形意拳、翻子拳、地躺拳、戳脚拳等。

武术拳术常见拳种运动特点如下。

长拳：有拳、掌、勾三种主要手型,弓、马、仆、歇、虚五种主要步型,姿势舒展、动作灵活、快速有力、节奏鲜明,并有蹿蹦跳跃、闪展腾挪、起伏转折等技术特点。

南拳：南方各地拳种的总称。拳势刚烈、步法稳固,多桥法,擅用手,常以发声吐气助发力、助拳势,以阳刚著称,善于以柔化之,后发制人。

象形拳：以攻防动作结合模拟各种动物形态或人物形象所组成的拳术,形象生动,取意体现攻防特点,如螳螂拳、鹰爪拳、猴拳、蛇拳、醉拳等。

形意拳：以三体式为基本姿势,基本拳法包括劈、崩、钻、炮、横,吸取了龙、虎、猴、马、龟、鸡、鹞、燕、蛇、骀、鹰、熊十二种动物的动作与形象,拳法动作严密紧凑,沉着发力,朴实明快。

太极拳：以掤、捋、挤、按、采、挒、肘、靠、进、退、顾、盼、定为基本十三势,柔和、缓慢、轻灵圆活。

(2) 器械

器械的套路种类有很多,可归纳为以下四类。

短器械：主要有刀、剑、匕首等。

长器械：主要有棍、枪、大刀等。

双器械：主要有双刀、双剑、双钩、双枪、双鞭等。

软器械：主要有三节棍、九节鞭、绳标、流星锤等。

2. 对练

传统武术当中的对练形式主要包括徒手对练、器械对练、徒手与器械的对练三大内容,它是两人(或两人以上)根据固定套路进行的攻防技术练习,具体分析如下。

(1) 徒手对练

徒手对练是武者以徒手的踢、打、摔、拿等攻防技术组成的拳术对练套路。不同的拳种,对练特点不同。例如,太极拳的对练多体现出黏连、挤靠等动作特点;查拳的对练则多有闪展腾挪、蹿蹦跳跃等动作。

（2）器械对练

器械对练是武者之间以器械的击、刺等攻防技术组成的器械对练套路。传统武术器械对练包括短器械对练、长器械对练、双器械对练、软器械对练以及长与短、单与双、单与软、双与软对练等。

（3）徒手与器械对练

徒手与器械对练是武者对练时，一方持器械，另一方空手搏斗，实战性强。传统武术中有专门针对徒手与器械对练的套路练习，如空手夺刃、空手夺刀、空手夺枪等。

3. 集体演练

集体演练是四人以上的习武者徒手或持器械进行的集体表演。可以编排成图案，也可以用音乐伴奏，队形整齐，动作统一。

（三）格斗运动

武术格斗，具体是指两个习武者在一定条件下按照既定的规则进行的。目前，传统武术中比较常见的格斗运动形式主要有以下四种形式。

1. 散打

散打，古称"手搏""白打"等，又称"散手"，民间多称其为"打擂台"。散打运动具体是指两个习武者（徒手相搏相较）按照一定的规则，使用踢、打、摔、拿等技术，进行攻、防和反击，以求最终战胜对方的传统武术运动项目。

2. 推手

推手，是传统武术的一种重要的格斗形式，和西方格斗形式有着明显的区别，具有浓郁的东方特色，具体是指两个习武者依照一定的规则，在对抗过程中使用掤、捋、挤、按、采、挒、肘、靠等方法，双方沾连粘随，通过肌肉感觉，即习武者的"听劲"，来判断对方的动作用劲,然后借劲发力,将对方推出圈外或使之倒地来取胜的武术项目。

3. 长兵

长兵,中国传统武术项目之一,具体是指两个习武者手持一种特制的长器械(枪、棍、大刀、戟、戈等长兵器),遵照一定的约定或规则,以棍法和枪法为主要攻防方法进行的对抗。

4. 短兵

短兵,以剑法和刀法为主的攻防对抗。短兵对抗是古代战场上经常出现的搏斗形式,在当代,主要用于武术健身和表演。

二、传统武术的流派

从武术的发展历程来看,当一种武术的风格和技术特点都区别于其他拳技时,就形成了新的流派。

武术流派的形成需要具备以下三个基础。

(1)繁衍支系,发展拳派。

(2)类同合流,壮大拳派。一些技法特征相同或相关的拳种的合并、归类,如少林拳派。

(3)融合诸家,创立新派。如蔡李佛拳、五祖拳、形意拳、八卦拳等。

在传统武术的发展过程中,武术的不同内容与形式经过继承、创新,而又另辟蹊径,不断发展完善,并最终形成各流派(表1-2)。

表1-2 武术流派类型

分类依据	流派
民间组织	如少林派、武当派
地域	如南拳、北拳、咏春拳等
帮会	如洪拳、梅花拳(义和团武术)

续表

分类依据	流派
馆号	如精武体育会、振兴社、玉林馆、武坛等民间会社传习武术，久之便形成了一个流派
拳种	拳种的技术训练体系单一，但是系统、完整

武术各流派具体分析如下。

（一）"黄河流域派"与"长江流域派"

"黄河流域派"与"长江流域派"是以地域为基本划分依据的，以江河流域分派。民国初年《中国精武会章程》等书中，提到了"黄河流域派"与"长江流域派"。

（二）"南派"与"北派"

"南派"与"北派"也是将传统武术根据地域分布进行流派划分的。民国时期陆师通《北拳汇编》等书使用的就是"南派"与"北派"的分法。

早期武术内容与形式发展以流传地域为基础，并受地理环境气候的影响。我国南方武术拳法多，腿法较少，动作紧凑，劲力充沛；北方武术腿法丰富，架势开展，动作起伏明显，快速有力，故有"南拳北腿"之称。

（三）"长拳"与"短打"

武术的技法形式不同，根据对抗风格和特长，有"长拳"与"短打"之分。明代戚继光的《纪效新书》中介绍了当时武术有长拳短打之分，记载了宋太祖三十二式长拳，还有"张伯敬之打""李半天之腿""千跌张之跌"和"鹰爪王之拿"等不同流派。

随着武术的不断发展，在整理与研究武术的过程中，将遐举遥击、进退急速、大开大合、松长舒展的拳术称为长拳类；贴身近战、势险节短、动作幅度小、短促而多变的拳术称为短打类。如此便有了"长拳"与"短打"之分。

(四)"内家"与"外家"

"内家"与"外家"之说见于清初黄宗羲撰《王征南墓志铭》中提到的"有所谓内家者,以静制动,犯者应手即仆,故别于少林为外家"。

明清之际,内家拳仅是一个拳种,外家拳仅指少林拳,到了民国期间发展成"凡主于搏人""亦足以通利关节"者,概称"外家拳";凡注重"以静制动""得于导引者为多",概称为"内家拳"。

(五)"少林派"与"武当派"

少林派,以少林寺传习拳技而得名。少林拳源自嵩山少林寺僧众传习的拳术,后来逐步发展为与少林拳系特点相近的拳技归为少林派。少林派拳技有少林拳、罗汉拳、少林五拳等。

武当派,集内家拳之长,源于"有所谓内家拳者……盖起于明之张三丰。三丰为武当丹士"的说法。此后,内家拳、太极拳、八卦掌、形意拳均归为武当派。

1928年成立的中央国术馆,曾一度依这种民俗分类和称谓,将该馆教学内容分为"武当门""少林门"。

现代民间,也有人习惯以地域称武当武术,将流传于武当山地区一带的武术称为"武当派"。

除了上述主流的武术流派划分,我国武术还有许多小的流派,现阶段,我国武术呈现出流派林立、百花争艳的发展局面。

第四节 武术发展现状

一、大众武术健身发展现状

(一)武术发展的社会化与市场化

武术发展的社会化与市场化与武术丰富的内容、形式和我国经济环境的改善有着密切的关系,具体分析如下。

(1)大众武术健身发展迅速。武术运动内容日益丰富多样。武术不受年龄、性别、时间、场地、器材等的限制,拥有广泛的群众基础。尽管在三年自然灾害和"十年动乱"期间群众性武术活动一度低迷,但是民间习武的风气一直存在。拨乱反正之后,在一系列措施的推动下,群众性武术活动也逐渐呈现出良性发展的趋势。近些年来,一些以挖掘和宣扬中国传统武术的电视节目开始出现在广大人民群众面前。对武术在广大人民群众中的进一步传播起到了推动作用。

(2)民间武术表演发展迅速。20世纪80年代,全国性的习武热潮再次掀起,"武术之乡""武术百杰"等评选活动更是激发了民间百姓的习武热情。

(3)习武者素质不断提高。武术"段位制"的实行使得民间武术活动更加规范化,也进一步提高了全国习武爱好者的武德水平。

(二)大众武术健身现状

新时期,我国重视大众健身事业的发展,传统武术历史悠久,在长期的历史发展进程中,无论是哲学思想、道德文化,还是运动形式、习练功法都符合我国人民群众的健身养生认知和生活文化认知,具有广泛的群众基础,是大众健身的重点推广项目。

随着我国大众武术健身的不断推广,我国各健身路径中均能见到以武术功法内容进行健身的人群,以中老年人居多,这表明了我国传统武术的重要的养生与保健价值,同时也说明了我国传统武术在少年儿童、青年人中的影响力不大,还需要进一步地宣传普及。

二、武术的商业化发展现状

(一)市场经济发展背景

当前我国已经建立起较为完善的社会主义市场经济体系,武术发展也逐渐实现和走上了产业化发展的道路。在社会主义市场经济下,把武术从公益型向市场经营型转化,使武术自身发展的潜力不断增加,将武术服务与产品提供给社会,由此,武术健身表演业、健身商业赛事、武术影视文化产业、武术传媒、武术网络信息传播等获得了快速的发展,市场经济为武术发展提供了一个新的发展思路。

(二)武术商业发展特征

在当前社会经济市场条件下,武术发展也逐渐适应市场发展特点与趋势,表现出商业化发展特征。

(1)经济发展、人们思想观念(经济思想、体育思想)转变进一步促进了武术发展,武术的市场化和商业化越来越明显。1987年,国家体委就曾提出"开发武术资源"的口号。改革开放后,我国政治、经济、文化环境良好,我国经济的发展以及人们思想观念的变化更加促进了武术的市场化发展。

(2)商业武术比赛不断出现并日益壮大、影响广泛。2000年,我国首次举办"中国武术散打王争霸赛",这些传统武术竞赛和文化活动的开展,不仅为促进当地传统武术的进一步普及和发展起到了重要的作用,还为许多具有习武传统的地方带来了良好的经济收益,进一步推动了武术的商业化发展。

(3)武术文化节与地方民族体育文化旅游相结合,开创了武术商业化发展的新模式。在良好的社会背景下,一些地方开始以"武术搭台,经贸唱戏",并且对以武术为主要形式的经济产品(如郑州国际少林武术节、温县国际太极拳年会、湖北武当文化武术节等)进行大力的开发,以此来带动当地经济的发展。

(4)武术文化产业的商业化发展。从产业化的角度研究武术,即把武术当作一件商品,这一商品内涵丰富,可以从多方面探索其商业价值。武术是我国传统的民族文化中重要的一部分,在全球多元文化领域中被广泛地运用。例如,武术在传媒市场中被当作影视的素材、在旅游市场中被当作旅游产品、在学校中被当作教育的方式、在日常生活中被当作锻炼身体的途径等。在文化产业领域中,武术已经不断得到充分的认可,人们将其当作一种富有内涵的文化产品不断挖掘其开发与利用价值。

三、武术的国际发展现状

(一)武术竞技赛事发展

自近代鸦片战争开始,西方竞技体育文化对我国民众体育意识的影响越来越大,在体育领域,武术逐渐退出社会主流位置。但是随着近年来我国国家综合实力的不断提升,以及我国对民族文化、体育发展的重视,在"建立文化自信""建设体育强国"的新时期,广大群众保护传统文化的意识日益强烈,推动传统武术走上世界舞台和奥运舞台已变成历史性选择之一。

近年来,我国武术的国际影响力不断扩大,武术在世界体坛上占据越来越重要的位置。我国武术发展历史悠久,武术具备的文化内涵相当丰富。为将传统武术成功并入到奥运会项目中,我国相关人员对传统武术的竞赛规则进行不断完善,让我国武术进入奥运会是我国传统武术的现代竞技发展道路的重要探索。

为积极推动我国武术的竞技化转变与发展,我国还积极创办各种武术赛事,将武术赛事与武术文化有机结合在一起,还尝试创办严谨规范的武术竞技赛事,打造武术品牌赛事(如国际武术大赛、世界武术锦标赛、全国武术散打冠军赛、全国武术散打冠军赛等),以不断扩大我国武术竞技影响力和促进我国武术的竞技化发展。

(二)武术文化的国际化传播

近年来,我国重视对传统文化的保护、传承与发展,这是我国发展文化软实力的重要战略决策,经过不断努力,当前,我国传统武术已经走出国门、走向世界。

（1）我国武术队积极外出走访、交流，推广与宣传中华武术。

（2）我国积极举办世界级的各种武术竞赛。

（3）我国重视官方武术组织的成立与发展，为世界范围内的武术活动开展、我国武术文化的传播奠定了基础。

武术是我国优秀的民族传统文化和体育运动项目，是我国优秀文化遗产，也是世界文化遗产的重要组成部分，促进武术文化的国际化发展对我国和全世界人民来说，都具有重要的意义。

第二章 武术文化内涵与传承内容体系解析

武术历史悠久,在中华民族传统文化的基础上产生发展,吸取了我国传统文化的优秀内容,并构成了丰富的武术文化体系。武术在与其他文化形态共同发展和融合发展的过程中使得武术文化内涵不断丰富,因此要深入了解武术文化内涵,就必须认清武术文化与其他传统文化形态之间的关系以及武术文化对其他传统文化形态的内容吸收与借鉴,如此才能更加深刻地理解武术文化内容。武术文化是我国优秀传统文化的精华,传承千年流传至今仍有重要的传承价值,以现代文化思维来审视传统武术文化,应做到取其精华去其糟粕,继续传承武术文化的优秀内容,促进武术文化的可持续发展。本章就重点对武术丰富的文化内涵以及值得传承的优秀武术文化内容进行详细解析。

第一节 丰富的武术文化内涵

一、武术与哲学思想

中国具有几千年的文明史,在人类历史发展过程中,智慧的先民们在与自然、与人的相处中体悟和总结出了许多哲学道理,构成了东方传统哲学体系。

中国古代哲学在商周之际萌芽,在春秋末期形成,战国时期"先秦诸子,百家争鸣"。中国传统哲学发展三千余年,不同时期的哲学的产生背景、观点、形式和内涵不同,但这些哲学思想与内涵都对同时期和之后的武术发展产生了重要影响,具体分析如下。

(一)武术与"天人合一"思想

"天人合一"是我国传统哲学思想的根本观点。"天"指"自然""天人合一",包括两层含义,既指"天人一致"又指"天人相应",具体来说,就是万物发展顺应自然规律,为人处事也应尊重自然发展。

"天人合一"思想对武术的影响表现在以下几方面。

1. 习武要顺应自然

习武之人应追求人体与大自然的和谐相通,做到物我、内外的平衡,不能违背大自然的规律。如,习武应顺应天时,人和自然和谐共生,季节的变化同样影响着人的五脏六腑,不同的气候和环境应选择不同的武术健身养生内容;习武要实现地利,在美好而安静的自然环境中更有利于习武者体悟武术真谛,安静的环境有助于习武者发挥个人创造力,将身心融于大自然之中,达到心如止水的境界;习武强调人和,习武要符合自身条件,不能不思进取,也不能急于求成。

2. 习武追求动作的"合"

习武应做到"心与意合,意与气合,气与力合;肩与胯合,肘与膝合,手与足合",结合人体的运动规律进行练习。

3. 习武要实现人与自然的和谐发展

科学习武,要象天法地、师法自然,从大自然中吸收营养,模拟自然界中各事物、动物的动式、姿态、神情、表现,吸取自然精华促进自身发展,并实现人与自然的共同、和谐发展。

第二章 武术文化内涵与传承内容体系解析

（二）武术与"形神统一"思想

"形神统一"是我国传统哲学思想中非常重要的一个思想，"形神统一"的哲学解析具体为"形为神之本，神为形之用"，二者相辅相成、对立统一。是我国古代唯物主义哲学家荀子和范缜对形、神关系的认识和看法。

对于习武者来说，"形神兼备"是习武的重要要求，"形神统一"是武术习练的最高境界。具体来说，要达到"形神统一"应做到以下几点。

1.抓住武术动作形态的精髓

习武应追求动作形态美、标准化。从传统武术技术动作来看，"形"指手、眼、身、法、步等有形的武术动作特征；就人体构成来看，"形"是指习武者的身体，包括五官、躯干、四肢、筋、骨、毛皮等，就内外而言，"形"是外在的具体运动形式。

2.重视体悟武术动作的神韵和精神内涵

从传统武术技术动作来看，"神"指心、意、胆等无形的心理品质和气质；就人体构成来看，"神"是指习武者的精神、意识、思维等心理活动；就内外而言，"神"指内在的精神内容。

3.动作和思想要在习武过程中融会贯通

武术动作要做到位，在此基础上，兼顾"形""神"，讲究"以意领气，以气催力"，讲究意、气、神与力的结合，而不是单纯、机械、呆板的动作模仿。

（三）武术的阴阳思想

阴阳辩证学说是我国古人认识大自然、认识事物发展的重要哲学思想，阴阳思想认为，"阴"和"阳"是一对对立统一的矛盾体。向日为阳，背日为阴。《周易》称"一阴一阳之谓道"。阴阳规律是自然界固有的规律，世界是阴阳运动的结果。

传统武术与阴阳学说联系密切，阴阳的相互根生、消长、转化等常常被用来解释武术中的技法技巧和拳技理法。具体分析如下。

1. 武术动作的阴阳变化

就武术名家的经验来说，阴阳对立蕴含在每一个武术动作之中。说得简单点就是某些部分增强，就势必会造成某些部分减弱，反之亦然，这就是阴阳之间的消长。

2. 武术攻防的阴阳变化

先秦时期，就有了记载"顺阴阳而运动"的思想，是当时武术技击的重要理论基础。如春秋末年"越女"论剑。"越女"认为："道有门户，亦有阴阳，开门闭户，阴衰阳兴。"即用阴阳变化解说攻守制胜之理。武术搏斗中，也讲究长兵器要能短用，短兵器要能长用，强调进攻要注意防守，防守中要伺机进攻，做到攻防兼备。

3. 武术技法变化的阴阳互制

武术动作技法的自我制约和相互制约体现了阴阳变化的哲学理论。以拳术为例，根据武术"顺阴阳而运动"的规律，任何拳术习武者都要维持体内的阴阳平衡，做到"气沉丹田"。《太极拳之练习谈》一书中明确描述了中国武术与中国哲学思想之间的关系，"中国之拳术虽派别繁多，要知皆寓哲理之技术"。太极运动中的许多技法动作都表现了阴阳的相互影响和制约作用。

(四)武术的太极思想

"太极"一词最早见于《周易·系辞上》，文中记载："易有太极，是生两仪。"认为"两仪即阴阳，太极以阴阳为内涵，衍生万物"。南宋著名理学家朱熹认为："总天地万物之理，便是太极。"

太极图是表达太极之理的重要形式,充分表现了阴阳思想内涵,并对自然万物的发生、发展进行了高度概括,万事万物都是你中有我、我中有你,相辅相成、相互渗透、共存共生,同时又彼此区别有所不同,太极思想是中国古代哲学思想的大成。

在武术内容体系中,与太极思想联系最为紧密的莫过于太极拳,太极拳是太极思想应用于中国传统武术的重要动作体系。

太极拳大家认为,太极是世间一切的原动力,任何事物的发生、发展都蕴含着太极的变化,宇宙中有太极,人体亦有太极,有人称人体的腹部即为太极,故《太极十三式歌》称:"命意源头在腰隙,刻刻留心在腰间。"

太极拳的练习与太极图所表达的太极思想是一致的。如太极图中的双鱼环绕,恰似练习者在习练太极推手时相互双搭手的形态。练习太极拳的过程中,攻守双方臂膀环状,你进我退,沾连粘随,再现了阴阳相互消长、变化之道。就拳风而言,太极拳动作圆活、动作连贯、一气呵成,体现了太极"阴阳、刚柔、奇耦,无所不有"之理(《朱子语类》卷七五)。

(五)武术的八卦思想

八卦思想是我国古代重要的哲学思想,是八卦学说的重要理论内容,八卦学说由太极衍生而来。有"无极生太极、太极生两仪、两仪生四象、四象生八卦"之说。古人认为,宇宙是一个整体,万物在其中相互关联,共生共存。

八卦学说阐述了世界上的万事万物之间的联系,指出自然界的生物的重要发展规律与特征,指出事物的生长具有其自身的规律性,并根据这种规律性推测事物的发展和走向,把事物的发展归纳为各种矛盾趋向和谐与不断往复的、递进的发展。

八卦思想影响着古人对万事万物的认知,也影响着古人的武术思想与武术习练,八卦思想对武术技法练习的重要影响集中体现在八卦掌上,具体解析如下。

八卦掌,原名转掌,其是武术中的一个拳种,与八卦学说有着紧密的联系。其运动形式主要是绕圆走转，所绕圆圈正经过八卦的八个方位，又以人体各部位比对八卦，故称"八卦掌"。八卦掌取象于数理，立体于八卦，借用八卦的数术来规范其拳技的层次和系统，以八个基本掌法比附八卦，以六十四掌比附八八六十四卦。八卦掌的拳理依据为"易理"，根据天地间万物万象始终变化的规律形成了八卦取象、取身不易的拳理法则。

（六）武术的五行思想

五行学说是古代人认识世界、解释宇宙事物变化的一种学说。五行学说最早被发现于商朝末期的《尚书·洪范》中，《尚书·洪范》中有文字记载："一曰水，二曰火，三曰木，四曰金，五曰土。"即五行包括金木水火土五种元素。古人用类比法将万物进行归类（表2-1），阐述了万物之间相生（木生火，火生土，土生金，金生水，水生木）、相克（木克土，土克水，水克火，火克金，金克木）的相互关系与作用。

表2-1 五行属性表

五行	人体							自然界					
	五脏	五腑	五官	五体	五志	五藏	五声	五方	五时	五化	五色	五味	五气
木	肝	胆	目	筋	怒	魂	呼	东	春	生	苍	酸	风
火	心	小肠	舌	脉	喜	神	笑	南	夏	长	赤	苦	暑
土	脾	胃	口	肉	思	意	歌	中	长夏	化	黄	甘	湿
金	肺	大肠	鼻	皮	悲	魄	哭	西	秋	收	白	辛	燥
水	肾	膀胱	耳	骨	恐	志	呻	北	冬	藏	黑	咸	寒

在传统武术体系中，形意拳和五行拳是最能体现武术五行思想的拳术，具体分析如下。

形意拳，以五行学说的基本理论为指导思想，在拳法中突出"阴阳五行生克制化"的变化规律。形意拳中的五行学说主要体现在动作技法中，形意拳拳理指出"劈拳属金、崩拳属木、钻拳属水、炮拳属火，横拳属土"，各个拳法之间存在着与五行学说相对应的相生相克的关系,即"劈生钻,钻生崩,崩生炮,炮生横,横生劈;劈克崩,崩克横,横克钻,钻克炮,炮克劈"。不同拳法之间的相存共生、相互制约都是以五行学说作为技击理论基础的。

五行拳,直接以五行学说的"五行"命名,根据五行学说划分人体结构,各种拳法对应人体脏腑,与人体生理功能建立联系,如"崩拳能平气舒肝、强筋壮脑;钻拳属水,其气和则肾足,气乖则肾虚;炮拳属火,其拳顺则气和虚灵,拳谬则气乖而四体失和"。五行拳的相生相克,体现出五行学说对武术运动的促进和发展。

二、武术与兵家思想

众所周知,人类战争在武术的产生与发展过程中发挥了重要的影响和推动作用,古人对战争之法、交战策略颇有研究,并融合形成兵家学说,武术有对抗技击,与战争对抗有相通之处,因此,兵家思想与兵法战略在武术对抗中也多有运用。

(一)武术对抗中的兵家思想

概括来讲,兵法和武术是宏观总则和具体技击的关系,前者体现集体性,后者强调个体性,二者同属攻击性行为。因此,二者在技法思想上有着密切的相互影响的关系。武术与战争之间具有密切的关系,在武术的发展过程中,各种技法拳理也充分借鉴了兵家思想的相关内容。具体分析如下。

(1)对抗中的士气比拼。兵家学说有"三军可夺气,将军可夺心"的说法,其意思就是,敌我对抗过程中的双方实力比拼是多方面的,不仅表现在物质基础、军备方面,还体现在士气方面。武术技击对抗也是如此,对于个人格斗而言,如果对抗双方实力相当,则面对对抗,哪方士气更胜、更强,则更有机会获胜。

(2)战在攻心。鉴于作战过程中士气所发挥的重要作用,在其他条件相当的情况下,可"攻敌之心",以瓦解对方军心与士气,打破对方节奏以赢取胜利。这也是武术技法的重要技击理论基础。

(3)双方挑战、对抗,应有把握,"不打没有准备的仗",简言之就是要知己知彼。"知彼知己,百战不殆。不知彼而知己,一胜一负。不知彼不知己,每战必殆。"这是兵家思想和武术技法共同遵守的对抗理论。古代战争中只有全面地认识对方才能有针对性地制订战略战术;而在武术对抗搏击中,必须清楚敌我双方的实力,了解对方风格打法,如此才能在对抗过程中,有的放矢。

(二)武术对抗中的兵家技击理论

无论是军队对抗,还是两人武术对打,都必然会有优势和劣势之分,必然会有"尺有所短寸有所长"的比较,在技击对抗中,武术对抗与军事对抗的兵家技击理论具有一致性。

借鉴兵家技击对抗理论,武术家们进一步深化了兵家避实击虚的思想,在武术的长期发展过程中,认为"如人来击我,其势甚猛,我则不与之硬顶,将肱与身与步一顺身卸下,步手落彼之旁面,让过彼之风头。彼之锐气直往前冲不顾左右,且彼向前之气力,陡然转之左右甚不容易,我则以旁击之,以我之顺力击彼之横而无力,易乎不易?吾故曰:克刚易,克柔难"。

可见,双方对抗并非单纯的体力比拼,更是战术谋略的比拼,在这一点上,武术技击对抗和兵家军事对抗是一致的。

三、武术与传统中医

我国传统中医博大精深,其对人体的生理规律、运动规律的研究直接为武术的身体观点奠定了重要的基础。而作为传统文化的重要代表,中医与武术都吸取了我国传统哲学思想内容,二者的哲学思想具有相通性,在认识人体方面的辩证方法也是相统一的。

(一)哲学思想一致

阴阳学说、五行学说都是中国文化特有的传统文化内容,二者对人体的研究也具有一定的共性,而无论是武术技法的习练还是中医的寻病治病都应遵循人体发展的基本规律,因此,上述两种学说共同构成了中医和武术的理论基础。中医和武术哲学思想的一致性表现在以下几方面。

1. 相同的阴阳思想基础

中医认识人体结构和生理活动变化,以阴阳变化之理来解释,用阴阳理论归纳人体组织的属性、诊断病症的属性,在中医学看来,人体疾病的产生往往是由于阴阳失调造成的。人体中,正气与邪气相互斗争,如果邪气战胜了正气,就会发生疾病,要想使人体的正常生理活动得以有效维持,就必须使人体的阴阳两方达到和谐统一、稳定。

武术内容体系中,动作和拳理技法也讲究阴阳的对立统一,强调内外合一,以内助外,以外促内,内外兼修,阴阳平衡。

阴阳的此消彼长中,保持着相对的平衡。根据阴阳的运动变化,人体才会处于相对平衡协调的状态,才能推动事物正常变化和发展。打破了阴阳平衡规律,就会产生疾病,自然平衡就会被破坏掉,古人云:"阴平阳秘,精神乃治",正如中医养生与武术健身作用于身体,阐述的就是阴阳之理。

2. 相同的五行思想基础

中医以五行学说划分人体,五行学说构成了中医辨证、看病的基础理论,五行与人体五脏、五官、五味等相对应,讲究通过调整气血,补虚泻实达到"扶正祛邪"的功效。

武术对五行学说的理念与观点体现与应用前面已经详细介绍过,武术的一些拳种,如五行拳、形意拳都是善于合理地运用五行相生的原理,通过相生相克的规律来习练技法的拳术。

(二)辩证方法统一

1. 共同的辩证法基础

传统医学是在唯物主义元气论的哲学基础上建立起来的,具有鲜明的整体综合观与阴阳辨证观,认为"精""气""神"为人体三宝,三者一体、互相依存、不可分割;传统武术也以元气学说为思想基础,指出武术学练应实现形神合一、内外兼修。

2.共同的整体观

传统医学讲求从整体上观察病症并进行医治,要顾全人体大局。武术理论中有"六合"理论,即"内三合"(心与意合、意与气合、气与力合)与"外三合"(手与足合、肘与膝合、肩与胯合),此与传统中医的整体观在本质上的统筹兼顾是一致的。

3.追求和谐统一的共同追求

人类发展过程中,追求自身的和谐统一、追求人与自然的和谐统一始终是人类不断探索的课题,传统中医和传统武术都讲究机体与大自然的和谐统一,中医注重结合病患实际情况和客观气候、环境等辨证施药;武术则讲究结合天时地利进行功法、技法练习,追求人的身体的内外兼修,追求人与自然和谐相处、天人合一。

四、武术与宗教文化

中国的宗教,包括中华民族土生土长的道教和经过海外交流而传播到中国的佛教和伊斯兰教。在早期人类对自然和社会认知有限的环境中,宗教思想和文化给予了早期人类以情感寄托,这种情感认知影响了早期人类对各种事物和文化形态的认知,包括武术。

(一)武术与原始宗教

原始宗教,又称"自然宗教""自发宗教",它是原始社会时期的宗教形式。原始宗教有着较为显著的特点,以历史发展的客观进程为主要依据,可以将自发宗教或原始宗教分为三个阶段,各阶段文化思想特点具体分析如下。

第一阶段——大自然崇拜阶段。早期人类从大自然获取生存生产资料，不了解大自然的变化和各种规律，对大自然是"心生敬畏的"，人们对自然界威力无穷的异己力量充满敬畏，古人认识到，大自然不仅能够给人以灾难，还能给人以生存的恩泽。于是，令人恐惧又令人感激的大自然就被人神化，成为人最崇拜的对象。不过，原始人只是对那些与自己生存直接相关的自然物和自然力较为崇拜。

第二阶段——灵魂崇拜和祖先崇拜阶段。随着人类生产的发展，当基本的生存需要被满足之后，人们便开始思考生老病死，探索生命存在与发展的奥秘，古人认为灵魂是不死的，是可以离开肉体幽游的东西，并以活人为依据来对死人进行想象，按照阳世想象阴世进行善恶之分，并举行祭祀，期盼祖先灵魂的庇佑。

第三阶段——图腾崇拜阶段。随着人类的不断繁衍，早期部落开始产生，人们以部落形式群居生活，为了团结族人，每个部落都有负责记录部落历史和占卜的先哲，他们传承部落精神，通过符号来记录部落发展，并将部落崇拜对象具象化为图腾，图腾是崇拜的对象，同时也是氏族或部落的标志；不仅是本部落的始祖，同时也是本部落的保护神。比较具有代表性的有黄帝号"有熊氏"，商以"玄鸟"为图腾。

原始社会时期，人们的认识十分狭隘，出于对自然现象的恐惧，便萌发了万物受神灵主宰的观念。从原始宗教具体形式的发展可以看出，宗教是随着社会生产的发展、随着人类认识能力的提高而不断发展的。

（二）武术与道教

相较于其他宗教来说，道教在思维方式和哲学上对武术产生的影响是最大的。武术哲学思想，更多地还是吸取道教的精华。道教的教理教义和修持方法，还有天人合一的思想境界，这些对武术的影响就要深刻得多了。道教对阴阳、八卦、五行等哲理的研究,对人与天地万物价值与联系的探索,使武术哲学理论更加完善。

道家注重养生,中国道教是完全接受"天人合一"思想的宗教,道教把老子和庄子这些哲人的思想进一步神圣化和世俗化。《老子》一书被奉为《道德经》,老子本人也被奉为道教最高神祇的"三清"之一"道德天尊"。道教主张通过精气神的修炼达到长生不老的思想对中国传统武术产生了影响,使其把击技卫身和养生长寿有机结合在一起,体现了武术的健身养生保健价值。

早期的道教大家都注重身体养生练习,因此也往往是武术大家。早期武术家、内丹道家葛洪提出了"我命在人不在天,还丹成金亿万年"的口号,这不仅成为道教养生的追求,也成为武术家的追求。"气聚丹田""运转河车""凝神入穴"等道家内丹修炼术语,在少林拳派的不少拳诀拳论中可见。此外,受道教影响的形意拳、太极拳中都能够很明显地反映出这一思想。形意拳强调的三层功夫,更在拳论中明确指出得自道家。形意拳中的技法理论均以道家的技击卫身思想为基础,重视功法练习的养生功效。

道教作为我国本土宗教,其根植于我国传统民族文化,对武术文化的发展具有非常重要的影响作用。道教文化以老子和庄子的思想为基础,强调"我命在人不在天,还丹成金亿万年"。无疑,道教更加重视自身现世的发展,不祈求来生。

形意拳是典型的道教思想影响下产生发展起来的传统武术文化和项目,形意拳的拳理来自道家文化,其技法理论充分显示了道教武术文化的技击卫身思想,而非主动出击。

太极拳也是典型的道教武术项目,所谓"道法自然",道教思想影响下的太极拳重视人与自然的和谐,太极拳拳理奥妙,发展为陈、杨、吴、孙等数家流派(表2-2),虽然运动形式有所不同,但是在拳理上都不主张攻击,主张顺其自然。

表2-2 太极拳流派

流派	创始人	特点
陈式太极拳	陈王廷	显刚隐柔,刚柔相济,动作螺旋、缠绕,手法多变,快慢相间
吴式太极拳	吴鉴泉	以柔化著称,轻松自然,连绵不断,拳式小巧灵活,不显拘谨
杨式太极拳	杨露禅	舒展简洁,动作和顺,绵绵不断,结构严谨,中正圆满,轻灵沉着,浑厚庄重
武式太极拳	武禹襄	姿势紧凑,动作舒展,步法严格,虚实分明
孙式太极拳	孙禄堂	进退相随,舒展圆活,开合相接

(三)武术与佛教

佛教自东汉传入中国,在魏晋南北朝蓬勃昌盛,并逐渐中国化,隋唐时期达到发展的顶峰。佛教对武术文化的影响涉及很多方面,包括武术的运动形式、武术理论、技术战术、内功修炼以及思想精神等,如佛教的普度众生、慈悲为怀及五戒等对习武者的武德、武风具有重要的指导意义。

佛教传入中国初期,只是在中上层社会流传。由于汉代方术盛行,所以,人们只是把佛教看成是神仙方术的一种。到了魏晋时期,佛教经典被大量翻译过来。

南北朝时期,佛教逐渐中国化。隋唐时代,佛教随着政治、经济的繁荣和发展,达到顶峰阶段。此后,佛教精神及其人物融入民间庶民,使其成为具有东方式的特殊教派。佛教的国情化为中国武术精神的弘扬准备了基本条件,其中,最为典型的为少林武术。

佛教与少林武术联系解析如下。

(1)思想方面。佛教的神秘性为少林武术的传播起到了精神支柱作用。少林武术是佛教文化与中国武术文化结合的一个典型。佛教禅宗文化渗透到武术文化之中,成为少林武术技法原理的重要内容支撑。

(2)武术内容体系方面。少林武术历史悠久、内容丰富,在长期的发展过程中,逐渐形成了多个流派,如"三大家""四大门"(表2-3),并有南北少林的区分。

(3)武术传播方面。以少林僧为代表的佛教徒,如僧稠、志操、昙宗等,为丰富少林武术技法和促进少林武术的发展起到了积极的促进作用。

(4)禅武合一。少林僧人的禅修是修行,从武术上来说,其是一种练功方法。禅武合一、动与静结合是少林僧徒习武修身的重要修行特点。

表 2-3　少林武术门派分类

北派少林拳	南派少林拳	三大家	四大门
劈挂拳、通背拳、孙膑拳、查拳、螳螂拳等	南拳五大家:洪家拳、刘家拳、蔡家拳、李家拳、莫家拳;周家拳;蔡李佛拳;白眉拳、飞鹤拳、龙形拳等	红家少林 孔家少林 俞家少林	大圣门 罗汉门 二郎门 韦驮门

中华人民共和国成立后,我国强调传承与发展传统体育文化的重要性,在促进武术发展方面,先后成立武协保护和推广少林武术。为了促进武术的发展,将其列为1959年第1届全运会正式比赛项目。1994年,武术成为亚运会正式比赛项目,我国传统武术走上世界体育发展舞台。2006年,少林武术被列为"非物质文化遗产"。

现阶段,少林武术闻名世界,成为中国武术文化的重要文化符号和标签。

五、武术与民俗艺术

(一)武术与舞龙舞狮

龙狮文化在我国具有悠久的历史,龙是我国古代的重要图腾,狮子被古人视为瑞兽。舞龙、舞狮是早期祭祀活动的重要内容。

舞龙舞狮活动需要一定的运动技巧,因此,许多武术动作被借鉴到舞龙舞狮运动中去,此外,由于我国传统武术长期主要流传于民间,故其与各种民俗活动联系紧密。民间武术活动常以民间游艺的形式在农闲或庙会期间进行表演,这种表演又往往与舞龙、舞狮相结合,成为民间游艺活动的重要内容。

对舞龙舞狮与武术文化的结合具体分析如下。

(1)舞龙运动是中华民族灿烂文化的一部分,在我国有着非常悠久的历史和广泛的群众基础。舞龙运动具有浓重的民俗色彩,舞龙的一招一式、一腾一挪都有讲究,与武术招式如出一辙。具体在舞龙时,引龙人要充分运用手、眼、身、法、步,一招一式既要优美洒脱,又要灵活自如。总之,舞龙是整体配合的武术展示,正所谓"势无定法犹有定,千变万化难形容",那翻江倒海的非凡气势;没有武术的功底是难以演练出来的。

(2)舞狮是我国民间重要的一项民俗节庆活动,在百姓间流行广泛,独具民族特色。舞狮表演中,要求舞狮者具有灵活的步法、矫健的身法和娴熟的技巧,以及手法、身法、步法的协调配合,才能完成跌扑、翻滚、跳跃、翻腾以及滚绣球、过跳板、上楼台、跳桌等各种难度动作。武术运动中的表演套路,极大地丰富了舞狮运动的内容和形式。舞狮运动在动作上广泛吸收了很多武术动作,这些动作的运用使得舞狮内容丰富,更具观赏性。

(二)武术与木偶、皮影

木偶戏和皮影戏都是我国历史悠久的民俗艺术,由于其历史的漫长和品种的多样、操作技术的高超,享誉世界。

我国古代影戏是说唱艺术结合,同时在描述历史故事过程中融入了许多武术技法表演,传统的木偶剧、皮影戏中的一大特色就是武打场面丰富。独特的偶人武打技巧更是深受武术文化的影响,而皮影戏的剪影方式也精彩地诠释了中国功夫,这些独特的操纵技巧、武打艺术,成为中国木偶戏和皮影戏卓立世界的重要原因之一。

在木偶戏和皮影戏中,呈现的武打场面紧锣密鼓,热闹非常。影戏艺人各逞奇技,把影偶操纵得如活人一般,可以做出许多人戏难能的技巧。木偶剧、皮影戏融入了武打元素,其精彩的武打场面不仅吸引了众多观众,也使得其民族传统特色更加浓郁,是武术与表演艺术的完美结合。

(三)武术与舞蹈

古代的"舞"与"武"交融,舞中行武,舞中现武,舞中存武。有许多"舞"的形式,既是中华武术之先导,也是当今的舞蹈之源。

原始社会,人们崇拜自然,敬畏死者的灵魂,会在关乎生存的大事中(如打猎、生子、战事等)举办仪式寻求保护、表达期盼之情,后来这些祈祷仪式和图腾文化逐渐发展成为早期的宗教祭祀活动,在祭祀中举行巫歌、巫舞,于是原来娱人的歌舞又用以娱神了。作为原始社会准宗教活动形式之一,图腾祭祀中,舞者代表着部落、图腾和个体三者神秘血缘的显灵和复活,人们通过这种"舞"的形式来用肢体技能表达情感。原始社会的巫术活动中包含着较为强烈的武术因素,这些武术因素也同时孕育着原始武术文化形态形式。巫术活动中人们围绕动作图画跳、摹拟狩猎动作的舞蹈、拳打脚踢的动作,客观上显现了与传统武术有关的各种因素。

进入阶级社会,战事频发。为增强士兵战斗力,早期人类的军事训练更多的是带有舞蹈性质的身体活动,穿插有对抗动作内容,这就是"武舞"。"武舞"是早期武术与舞蹈的一种交融,在古代武术的技击性、套路演练性与舞蹈的艺术性尚没有充分发展的时期,很难明确地将武术、武舞与舞蹈区分开来。

在封建社会的稳定发展时期,武术通常作为表演项目出现,是百戏的重要内容之一,因此其与其他技艺内容具有密切的联系,例如,关于楚汉时期的鸿门宴,《史记·项羽本纪》中记载:"项庄人为寿,宴会时以舞剑为乐。"这种剑舞就具有明显的武术特征,具有击、刺等剑法,为剑术套路奠定了基础。汉代的"剑舞"源自于民间武术,慢慢地从一种防御敌人的手段变成了一种具有艺术特色的舞,此外,起源于汉朝的"百戏"更是集武术、体操、杂技于一身。

(四)武术与杂技

杂技是一种以超常的技巧为特征的表演艺术。杂技与武术有许多相同、相通之处。具体分析如下。

(1)从发展历史来看,杂技与武术同时出现。

(2)杂技的基本形态很接近武术,都是技术难度动作表演、演练。

(3)杂技与武术动作内容有很多相同、相似、相通的地方。杂技中的自卫本能、攻防技术积累而产生的动作与传统武术的一些动作完全相同。许多超绝的武技,可直接纳入杂技节目;古老的杂技艺术,也直接影响着中国武术的发展。古代武术与杂技经常交融在一起,许多兵器成为杂技的表演道具,如"飞叉"就是由武术器械演化而来的。传统武术的训练方法,自然也为杂技所运用。古时许多打仗用的兵器成为杂技的表演道具,有些著名的杂技演员同时也拥有着高强的武艺,这正是杂技与传统武术融合发展的结果。

(五)武术与戏曲

中国戏曲以其独具风采的表演技艺卓立于艺术之林,是一种历史悠久的综合舞台艺术样式,一般被认为起源于原始歌舞。除了歌舞,丰富多彩的武打艺术也是中国戏曲重要的组成部分。二者相互影响、相互渗透。

汉代百戏著名曲目《东海黄公》的故事情节是手持金刀的黄公与白虎(演员装扮)搏斗,具有较强的武术色彩和多种杂技动作。

隋唐时期,政治相对稳定,经济发展迅速,民间传统戏曲广泛流行,是我国古代歌舞戏曲等艺术发展的鼎盛时期,武术与传统戏曲互相影响和借鉴。

宋元时期，杂剧、元曲发展迅速，各种戏曲中均有武打场面，给观众带来了精彩的视觉盛宴。

明清时期，戏曲艺术发展得更加成熟，形成包括"唱""做""念""打"四种元素的艺术体系，戏曲中出现了真刀真枪的武打，提高了戏曲的故事性和观赏性。武戏中，演员的动作都或多或少借鉴了武术中的一些打斗动作。这时，武打题材的戏剧逐渐成熟，一些经典的题材，一些宏伟的场面，如力拔山兮气盖世的项羽、"抬望眼、仰天长啸，壮怀激烈"的岳飞等，是戏曲与武术的高度融合，艺术价值非常高。

在我国各种地域不同的戏剧剧目、剧种中，许多戏曲的发展都融入了武术元素，作为中国的国粹——京剧，其中的武生、武旦、武净、武丑等，更是将戏曲中对演员的武术功底要求表现得淋漓尽致。

中国戏曲是一种有着悠久历史的古老艺术，在中国多元文化的共同发展过程中，传统武术与戏曲表演艺术同根同源，相互渗透和影响。中国传统的武术文化在其发展过程中，在戏曲、杂技、舞蹈等多种艺术中相互滋润、相互启发，这正体现出中国传统文化的优秀和独特之处。

六、武术与伦理道德

中国自古就是礼仪之邦，中华民族的许多传统美德早在古代就已经形成了较为完整的社会伦理道德体系。这种具有东方特色的为人处事观也深刻地影响了武术。

武术重视"武德"培养，在武术学练中，修养"武德"是比练习武技更为重要的事情，武术大家收徒，首先考察的就是习武者的品德。

武德，顾名思义，就是武术道德。在一些学者看来，武德指的是"尚武崇德"的一种精神，也有一些学者认为，武德就是练习武术者体现出来的道德。通常来说,武德指的是对练习武术者行为规范的要求的总和。

(一)武术伦理释义

"伦理关系"是现代用语,在中国古代文化中指"伦理"。① 中国传统伦理体系包括三个方面的含义,即"人与人之间的伦理关系""身与心之间的伦理关系""天与人之间的伦理关系",上述三种关系分别简称为"人人伦理""身心伦理""天人伦理"。

传统武术是在我国传统文化的基础上产生发展的,其受我国古人的传统哲学思想和伦理道德观念的影响,与西方体育思想、社会思想有着明显的不同,表现出"谦逊""韬光养晦""宽容"等东方文化特色。

在中华民族传统伦理道德影响下的武术伦理,包括三方面的内容,也即人与人、身与心、天与人之间的关系(表 2-4)。②

表 2-4 武术伦理层次及其表现

武术伦理	伦理内容
人人伦理	忠孝为首:孝悌忠信、尊师爱国
	重义轻利:任侠厚施、义之所在
	群先己后:群己交融、以群为重
	男女有别:重男轻女、拳传己家
	和而不同:经权有道、以和为贵
身心伦理	心专身恒:专心致志、恒以出功
	体悟互成:练以累积、悟以升阶
	形质神用:形神不二、以神御形
	阴阳相济:阴阳互根、亦一亦二
	身心和合:六合为法、和谐为鹄

---

① 宋希仁.马克思恩格斯道德哲学研究[M].北京:中国社会科学出版社,2012.
② 李守培.中国传统武术伦理研究——人人、身心、天人的视野[D].上海体育学院博士论文,2016.

续表

武术伦理	伦理内容
天人伦理	天人合德:生生大德、仁之源也
	天人交胜:参赞化育、相待相成
	天人相类:宇宙全息、比附顺应
	天人互融:格物穷理、融摄超越
	天人一体:万物并行、太和高远

(二)武术与传统道德的人人伦理

传统伦理道德与武术武德的融合表现在以下几方面。

"仁"——仁者爱人,做人应具备基本的仁爱之心,习武者也应如此,习武不提倡以武力统治天下,而应以德服人,为人处事表现出仁心。"仁"是练习武术者德性的最高境界和最高层次品德追求。

"义"——义是与人相处的一个非常重要的道德标准,指的是依人而行的标准、方式与手段,是对人的行为规范和准则的强调,武者重义,表现在狭义、道义、情义等多个方面。

"礼"——为人处事,应有谦让与恭敬的心理,这是人们待人接物、处理各种社会关系的主要礼节。武术中的抱拳礼就是一种基本礼节,表现了习武对抗的先礼后兵。

"信"——诚信守礼、遵守诺言。习练武术的人要讲信用,信守承诺。习武对抗要赢得光明正大,背后暗算是不礼貌、不仁义、不讲诚信的表现。

"勇"——仁爱、守义、明礼、知信后,积极采取的行为活动,也就是见义勇为的道德精神。

武术传承千年,形成了自身独特的丰富的道德文化体系,在武术不同的流派,对习武者的具体武德要求不同,在不同的历史时期,有关武术的道德规范要求因拳种门派的不同而有所区别。但武术所继承的中华民族的传统美德在武术发展过程中产生了重要影响,是各朝各代、各个区域的习武者在社会生活、拜师择徒、传授武艺、运用武艺等方面所遵守的基本的为人处事的道德要求。

第二节 丰富的武术文化传承内容体系

一、武术史

武术是我国传统文化的重要组成部分，在我国长期的文化传统发展过程中，武术在各个时期受不同历史因素的影响表现出不同的发展特点，全面了解和理解武术，必须要熟悉武术的发展历史，武术发展史是武术研究的重要内容，也是武术传承的重要内容。

（一）武术史体系内容

武术史是关于武术发展的理论学说，对武术史的研究是一项重要的理论研究工作，人类的现代文明都是建立在中华几千年的文明发展基础之上的，每一个现代人都应该了解自己国家和民族的发展史，了解本国、本民族的文化史，历史能带给我们对社会文明发展的思考，了解武术史不仅有助于更加深刻地了解历史上某一个时期武术文化的发展形态、特点、境遇，也能为当下探索武术文化的可持续发展提供启发。

武术史作为武术文化的重要传承内容，主要包括以下几方面的具体内容。

(1) 武术的起源、古代史、近代史、现代史。

(2) 武术断代史，某一历史时期的武术特征、规律。

(3) 武术拳种单项史。

(4) 武术典籍、文献。

(二)武术文化传承的历史观

对武术史的了解和研究,应学会用历史发展的眼光去看待武术的发展,不能用现代文化发展否定某一历史时期的武术发展,应该认识到武术发展的历史局限性。

二、武学理论、流派

(一)武术思想、技法拳理

武术的哲学思想、技法拳理是武术文化体系的重要内容,是武术传承的重要内容,了解和掌握武术的学术理论、哲学思想、拳理技法,对于个体更加全面地认识武术文化、掌握武术动作、技巧具有重要的帮助作用。

(二)传统武术流派

武术具有几千年的悠久历史,在长期的发展过程中,形成了各种各样的流派。中国传统武术中的每个流派都是人们智慧的结晶,是对武术发展的探索与贡献,都具有自身的理论及特点,是传统武术的宝贵财富和重要的传承内容,任何一种流派的消亡,对传统武术来说都是一种损失。

三、武德、尚武精神

武德是习武者学练武术的基本道德要求,也是武术文化的重要内在要求,武术文化的传承,武德是缺一不可的内容。

武术的本质属性是技击性,武术文化中所包含的尚武精神也是武术传承的重要内容。武术的尚武精神表现在武术个人技击对抗、民族振兴、救国救民等多个方面,可以说,尚武精神是传统武术的核心,尚武是中国武术发展的最根本的推动因素,它在更深的精神层面影响着中国一代代的习武人和普通百姓,是中华民族精神的重要组成部分。

(一)武德

"武德"的具体内容在"武德"一词产生之前就已经有了,最早可以追溯到上古炎黄氏族融合时代。

据《韩非子·五蠹》记载,尧舜时代,有三苗不服,禹准备攻伐,舜说:"不可。上德不厚而行武,非道也。"

《左传·宣公十二年》中说:"武有七德",即"禁暴、戢兵、保大、功定、民安、和众、丰财"。可见,我国习武之人很早就认识到了"武德之于武术"的重要作用。

关于武德,在前面已经详细介绍,这里不再赘述。

(二)尚武精神

"尚武",在我国各个时期的多个辞书文献中都有详细解释。1947年版的《辞源》释为"以武力相尚也";1991年版的《辞源》中释为"崇尚武事";1980年版的《辞海》中释为"崇尚武事";《现代汉语词典》中释为"崇;注重",对"尚武"释为:"注重军事或武术的精神"。[①] 综上所述,简单概括来说,"尚武"即"崇尚武力""崇尚勇武"。

"尚武"精神作为中华武术文化的核心,其贯穿于我国民族文化发展的始终,详细解析如下。

原始社会,生产力低下,人们的生存生产环境恶劣,为获得生存、避免遭受猛禽袭击,远祖们不得不诉诸武力,"以伐木杀禽兽"(《商君书·画策篇》)。人们在长期的生产活动当中,通过与野兽进行抵抗的技能动作(拳打、脚踢、躲闪等)和原始工具(石头、木棒、兽骨等)形成了最初的搏斗,并经过不断的实践活动逐渐熟悉掌握,强悍好勇是早期中华民族的主要民族性格特征。这种强烈

---

① 温力.武术与武术文化[M].北京:人民体育出版社,2009.

的求生自强、英勇果敢的民族性格特征,是尚武、习武精神的重要基础。

先秦时期,全民尚武,并在全社会形成了一种习武风气,习武成为人们强身健体、报效国家的一种重要技能。

封建社会的社会格局混乱时期,以武力平息战乱、以武力治天下,成为统治者保持统治地位的重要法则,统治者重视武术和军事发展,甚至认为武术是国家之本,虽然在统治者的不同统治时期,鼓励民间尚武的时期民间习武之风盛行,在禁止民间练武的时期私下练武以及武术表演等活动依然广泛存在,尚武精神与武术发展紧紧捆绑在一起,和平时期武术丰富了百姓日常生活,使人始终保持斗争和积极向上的心态,在民族危机来临之时,尚武精神更催发人们奋发而起,抵御外侵。明清时期,统治者尚武,满族以几十万人统治整个中国的疆域,靠的就是尚武精神下全族习武的优势。清初著名学者颜习斋曾提出"一身动,则一身强;一家动,则一家强;一国动,则一国强"的习武强身强国的理论,也是尚武精神的表现,整个封建社会,尚武精神与国家强盛有密切关系。

近代,我国进入半殖民地半封建社会,国家的落后,究其根本原因,源于民族精神的落后,民族的尚武精神是民族强大的重要精神基础。在被扣之以"东亚病夫"的屈辱历史中,尚武精神使得增强国民的主体意识虽受压制,但不曾泯灭。孙中山指出:"中国拳勇技击,与西洋的飞机大炮,有同等作用。"[1]"保国救种""奋发图强"成为这一特殊时期尚武精神的主要表现。

新时期,我国传统武术发展备受重视,武术,是我国民族传统体育文化的瑰宝,在发扬民族文化、弘扬民族精神方面具有重要的作用。尚武精神,是中国民族精神中"刚健有为"的表现,现代社会,武术的军事功能弱化,但武术的健身、防卫、技击、振奋民族精神价值仍然具有传承和发扬价值,是实现新时期民族振兴的重

---

[1] 华博.中国世界武术文化[M].北京:时事出版社,2007.

要精神动力。

四、武术动作、套路与技能

武术动作、套路与技能是武术文化的重要载体,也是武术文化传承的核心内容,武术的所有文化内涵都依附在武术动作、套路与技能上,如果失去了武术动作、套路与技能这些外在的文化形式,则文化内涵就只能成为空中楼阁,失去了存在的根基。

中国武术运动以各种身体练习形式为基础,融入了丰厚的中国传统文化内涵,融入了具有中国特色的显著的中华民族精神。武术的攻防技能是习武者练习武术的最主要内容,也是中国武术文化的最主要内容,是中国武术文化传承的主体。

武术动作、套路与技能内容体系庞大,不同流派、民族、拳种、武术动作形态、运动形式、攻防技能不同,这些都是武术文化传承的重要内容。

第三章 武术文化传承与变革的辩证思考

武术历史悠久,武术文化传承至今表明了武术文化的顽强的生命力。纵观武术文化发展史,武术文化在各个历史时期表现出不同的发展特点,在当前新时期,社会经济与以往任何时候相比都发生了重要的变化,武术文化发展的可持续性受到了严峻的挑战,基于我国传统文化的传统武术文化在当前开放的社会环境、国际环境中受到了许多因素的影响,武术文化在发展过程中不断被注入新的元素,这也就引发了武术文化传承的本真性的思考,同时,如何在新的国内社会环境、国际环境中确保武术文化核心本质不发生根本性改变,又能通过适当的变革来促进武术文化的持续传承值得深思。本章就主要针对当前新时代环境下武术文化的本真传承与合理变革进行辩证思考与解析,以探索武术文化传承的可持续发展路径。

第一节 武术文化传承的必要性

一、武术文化传承的"断层"危机

(一)内容断层

文化的传承,首先要有文化,如果文化不存在了,那么文化传承也就没有任何意义了。文化传承,必须确保"有文化可传承"。

受传承方式的影响,长期以来,我国传统武术的传承方式都是师徒和血缘传承。在现代社会,由于各种原因,从事武术的人越来越少,很多武术面临着失传的危险。

我国传统武术文化内容丰富、项目众多,而我国专门从事武术研究工作的人数十分有限,由于研究不够深入,当前,我国很多传统武术项目因为其传承者的病危和环境变化已经成为了濒危遗产,而这些文化遗产是不可再生的,一经消亡,就将永远从人类文化中消失,无法再恢复,因此,抢救与保护武术文化是非常紧迫的任务。

(二)传承人断层

当前,我国武术文化面临的一个重要问题是,武术文化在形式上尽管丰富多彩,但它的消失和失传却也是不争的事实,而且这种消失速度迅速得惊人。尤其是在少数民族地区,武术文化急剧消失,传承人匮乏问题十分严重。

发展到现在,我国的社会经济发生了很大的变化,现代人的生产生活状态、社会心理也发生了很大的变化,武术作为一种传统文化,关注者和从事者越来越少。

相比于我国古代,现代社会环境中城市生活和工作都是快节奏的,农村人口不断向城市流动,农村生产生活方式、特色文化在不断消逝,而武术文化的生存土壤更多的是在农村。

城乡发展不平衡,使得农村年轻人对城市的生活十分向往,大量外流,在我国少数民族地区,许多村寨的大部分年轻人都已不愿意将精力置于传统文化的传承中,而是更多地放到农活上或到外面去打工谋生,打工成为他们试图改变原有生活方式最为便捷的途径。目前,只剩下一些村寨的老人还掌握着武术的技能、民族民俗习惯。

年轻人的大量外流造成了大范围的武术技艺后继无人,大规模的人口流动使得土生土长的农民变成城里的"农民工",脱离了原来的生活环境,脱离了本乡本土的身份转换,造成传统武术创造主体的缺失,武术文化传承遭遇断层、断代的危机。

(三) 传承"变异"

1. 文化冲击

在世界体育一体化发展趋势下,东西方文化相互碰撞,西方经济体育文化对我国传统体育文化产生了重大的冲击。

西方体育文化的霸权行为更是让我们对中国武术做出了一系列削足适履的"改革"与"创新",武术竞技化改革是武术在新时期持续发展的重要途径,但有些改革建议和措施已经严重背离了武术发展规律,是对西方竞技体育标准的一味迎合。

2. 利益诱导

在市场经济条件下,一些人为了获得经济利益,不惜以武术文化宣传和表演为借口,实际上却是权钱交易,武术竞赛也有了暗箱操作。

社会组织的高度商业化,使得传统武术的师徒关系不再具有文化的热度,而变成了建立在钱、权基础上的"契约关系"。虽然这种"大量复制"的"培训式"武术传承有利于中国武术的横向传播,但武术本体被改变的现状值得深思。

在现代社会,随着社会的不断转型,我国武术已经逐渐脱离了其最初产生发展的社会环境与文化土壤,当前的武术发生了重要的分化与变异。具体表现为,一方面,受历史运动总态势的推动,武术"原生态"的生存空间逐步消解;另一方面,当下"个体化社会"进程中的社会、经济、文化环境使得个体对武术更多的是健身、休闲的消费行为,为武术的再度勃发奠定了客观发展基础。[1]

---

[1] 韩政,骆红斌.从"总体性社会"到"个体化社会":中国武术发展问题的成因分析[J].北京体育大学学报,2017,40(9).

二、武术文化身份的重新思考

(一)武术文化身份的重申

"全球化"发展是一个不可避免的社会发展趋势,包括政治、经济、文化、信息等多方面的全球化发展。"全球化"发展有利有弊。一方面"全球化"为世界各国的经济、文化提供了一个交流与学习的平台;另一方面,"全球化"带来了文化霸权主义和文化身份认同等问题。[①]

就文化发展来说,"全球化"进程中,各种文化相互碰撞、渗透,如何在诸多文化中找到本国本民族的文化立足点,保持本国本民族的文化核心不被其他文化同化,同时又能吸收各外来文化自我丰富与发展,是每一个国家和民族都需要慎重思考的问题。

全球化多元文化共同发展背景下,不同文化的"身份"意识越来越受到人们的重视,"我是谁"成为全球化时代的根本问题。

长期以来的"土洋体育之争"是不同地域的体育争论,更是不同环境下的文化对生存空间和话语权的争夺。

当前多文化共生的国际背景下,武术文化如何"安身立命"需要对自我"身份"进行重新思考。

(二)武术文化的国际地位

1. 西方竞技体育文化在国际体育文化中的主导地位

全世界范围内,各个国家、地区、民族的文化都共同构成了人类文化,虽然当前国际文化中,西方文化处于主导地位。

奥林匹克运动深入人心,其根本原因是奥林匹克体育文化的深入人心。奥林匹克文化在西方具有广泛的影响,这与奥林匹克

---

① 郭春阳,吕旭涛.全球化背景下中国武术文化的认同危机及其应对[J].体育学刊,2015,25(5).

文化的竞争性和西方各国民族文化的张扬性的一致具有密切的关系。西方文明在开始阶段就表现出了对现实功利的积极追求，他们讲求在平等的基础上开展竞争，努力获取个人的最大利益和幸福。整个西方文明发展史，就是不断从周边的许多先进文明汲取营养的发展史。

西方竞技体育文化开放的文化精神造就了张扬的西方体育文化品格。这种张扬的文化品格传承至今。

2.武术文化在世界文化中的重要影响作用和持续发扬光大

世界体育的发展，不仅是体育项目技能的发展，也离不开体育文化的发展。武术文化作为世界体育文化的重要组成部分，在世界体育文化中具有不可替代的地位。

我国武术文化是建立在农耕文明的基础之上的，传统的农耕社会使古人形成了注重节制、追求和谐的文化性格。传统文化中，始终讲求"礼之用，和为贵"。在这一思想的影响下，"以和为贵"逐渐成为中华民族的一种普遍的社会心理。

（1）政治方面，我国具有"大一统"的思想观念。

（2）经济方面，主张"不患贫而患不均"。

（3）为人处世方面，主张"中庸""中和"等。儒家的"中庸""中和"的价值原则和人格标准成为对中国人的具体要求。在儒道两家思想的长期影响之下，中国人形成了和平文弱的文化性格。

"宽容""中庸""追求和谐"等民族性格造就了中国古代体育文化的内敛的特性，这种内敛不仅表现在其发展的走势上，也体现在其运动项目本身，包括武术。

武术的存在，并非为了挑起争端，其根本在于平息争端，这就是所谓的"止戈为武"。武术不以竞争为目标，而以健身、健心、养性为目标，这种内敛、无争的文化特性，与奥林匹克竞技文化的追求——"更高、更快、更强"形成鲜明对比。

中华武术历经数千年的传承发展，在现代社会逐渐衍生为"竞技武术"和"传统武术"两大体系。当今世界，西方文化占主流,西方文化强烈地冲击与侵蚀着我国的传统文化,因而使中国传统文化处于相对的弱势地位,但不可否认的是,世界多元文化交流、融合下,中国"竞技"武术正在走向世界,并争取加入奥林匹克大家庭,而中国"传统武术"的哲学思想和武术道德与精神也对西方体育观念产生了重要影响。武术文化在世界体育文化中,在世界文化体系中发挥着重要作用,随着我国国家文化软实力的不断提升和对武术文化的不断推广与传播,这种影响作用还将持续扩大。

第二节 竞技体育背景下武术的技击嬗变

一、武术的技击本质

技击性是武术的本质属性,武术的技击属性使得武术在阶级社会中始终保持良好的军事功能而备受重视,同时,也正是因为武术具有技击性,使得其在当前西方竞技体育为主导的现代体育发展中具有持续发展的可能性。

武术的竞技本质属性是表现在多个方面的,这里从时间和空间维度两个方面进行阐述。

时间维度——从武术发展历程来看,技击性是传统武术的重要属性和基本特征,是传统武术文化的重要表现特征之一。与传统武术的文化背景有着十分密切的关系,其萌芽并发展于冷兵器时代。传统武术有着漫长的发展历史,在其形成与发展过程中,传统武术的攻防技击性发挥着十分重要的作用。

空间维度——从武术的地域发展及其与其他不同地区的体育文化交流来看,在我国本土上产生的各个区域的武术,均具有一定的技击性。虽然技击方式方法、技法原理不尽相同,但各地武术均具有对抗性与对抗运动形式,表现出技击性。

此外,再从文化的角度来解析武术技击性,在多元体育文化中,武术与其他体育运动的技击性表现在并非一定要分出招式多少、力量大小的输赢,双方对抗更多时候是点到为止,武术比拼的输赢不仅在形式上,更多的是在内涵、思想、德行上。

二、武术技击嬗变的文化背景

世界体育一体化发展背景下,西方竞技体育在世界体育中占据主导地位,武术融入现代竞技体育,其竞技性发展必须得到更多的重视。同时,为确保武术的核心价值和属性不发生根本性转变,必须在武术技击嬗变上进行正确引导,从竞技性发展入手探索传统武术的现代发展路径。

(一)西方竞技体育文化冲击

从近代鸦片战争以来,我国被迫打开国门,西方文化涌入我国,对我国传统文化产生了重要影响,这其中包括西方竞技体育文化对我国传统体育文化的影响,可以说,西方竞技体育文化思想对我国体育发展的影响是非常大的,直接促进了我国传统体育的竞技化发展,包括传统武术。

当前,整个世界范围的各类文化都是处于一个开放性的环境中,而在体育全球化时代,西方竞技体育是世界体育发展的主流,世界体育以竞技体育为主要内容,以竞技性为主要发展方向,在这样的社会大背景下,我国传统武术要想不被世界体育发展所淘汰,就必须在现代社会重新重视和突出武术的竞技属性,对武术的内容和形式进行竞技化改造、发展和创新,使武术的竞技性更加突出,更适应现代世界竞技体育的发展趋势。

现阶段,我国正在对武术进行套路和动作技术方面的改造,主要是进行规范化改造,使其符合现代竞技体育技术判断的需求。在西方竞技体育主流思潮的影响下,我国传统武术进行了竞技化改造,如通过将传统武术打、练分离开来,将传统武术套路运动分为若干竞赛项目,来适应现代竞技体育的项目分类,这些竞技化的改造使得武术受到了更多人的重视,不仅仅局限于老年群体(参与武术以健身),更多的年轻人也开始关注和参与到传统武术运动中来(参与武术搏击),同时,武术竞技比赛也吸引了更多的社会目光,如赞助商的赞助,这就使得传统武术具有了在现代市场经济社会继续生存的生命力。

在西方竞技体育主导下,我国武术实施竞技化改造,顺应现代竞技社会发展趋势,并力争进入奥运会,这都是我国武术竞技受到西方竞技体育文化冲击并顺应世界竞技体育发展潮流的技击嬗变表现。

(二)武术文化所依附的社会环境的变革

从武术的产生发展历程来看,武术是在我国传统的阶级社会环境中产生发展的,我国传统武术是在传统文化和传统哲学思想下产生、形成和发展起来的,而整个社会是在不断进步和发展的,社会的转型必然会带来一系列的文化变革。

当前进入21世纪,整个世界的社会文化环境和几千年前比,在政治、经济、文化、科技等方面都发生了巨大的变化,社会的发展变革,使得社会诸要素都在发生着变化,人类社会不断向前发展,社会文明也在不断向前发展并适应社会发展需求。整个社会文化环境的发展变化对武术文化发展产生着重要影响。

社会环境变化从多个方面影响了武术的现代化发展,具体分析如下。

(1)政治方面。目前,我国政治环境良好,法制健全,社会安全保障能力逐步增强,法制社会使得中华人民共和国成立以前以"格斗"和"搏杀"为特征的传统武术社会需求逐渐消失,人们对传统武术的关注更多地集中在健身方面。

(2)文化方面。人与人之间的关系日益疏远,学校集中教育教学成为学习知识和技能的主要形式。传统伦理观念的转变和家庭结构的变化,使传统武术早期的师徒关系逐渐消失。

(3)生活方面。现代社会竞争激烈,生活节奏快,社会分工日益细化,传统武术原有的较为稳定的传承结构已经逐渐失去了其存在和发展的空间。

新时期,传统武术所依附的原有的社会环境发生了重要变革,在当前新的社会环境下,社会文化要素的发展都要适应于社会化的大生产要求、创造和发展为它服务的新文化,而武术作为一种传统文化,在当前社会新的文化环境下要想持续发展,就必须转变以往的传承方式、发展模式,正因如此,武术在现代社会发生了分化,形成了传统武术和现代竞技武术两部分。

三、传统武术的现代竞技化发展策略

(一)武术竞技化改造

对传统武术进行竞技化改造是传统武术在现代社会可持续发展的必然要求,必须转变观念,充分认清这一事实。

当前,竞技体育是世界体育发展的主流,对传统武术进行改造使其符合竞技体育的特征,才能促进其竞技化的科学发展,具体来说可以从以下几方面着手进行武术的竞技化改造。

1. 武术的内容和形式的竞技化改造

首先,改造传统武术套路的结构,改变原有竞技武术套路模式化的类同现象,在丰富传统武术套路内容与形式的基础上,使其突出和充分体现西方竞技体育的一些特点,为其进一步融入现代竞技体育奠定基础。

其次,改造传统武术运动内容,提高竞技武术的娱乐性和观赏性,使武术既包含民族项目要求,同时又能将世界各国本民族的同类素材和内容融入其中。

需要特别提出的是,对武术内容和形式的竞技化改造不是盲目改造,必须坚持保留传统武术基本特点为原则。

2.武术规则的简化和操作化改造

(1)简化武术规则

我国武术发展历史中,竞技性更多时候是被弱化了,武术更多地用于健身、养生、保健,在竞技方面缺乏经验,因此,现阶段,在武术竞技化探索过程中,武术竞赛规则的不统一和操作性的缺乏是影响传统武术竞技化发展的一个重要制约因素,对武术套路、动作的技术评判缺乏统一、明确的标准直接影响了不同裁判在比赛过程中对参赛选手的评判。从裁判员的角度来讲,目前,在武术套路比赛中,技术动作的规则判定十分复杂,对裁判员的武术专业素养和裁判能力要求较高,而现在的武术比赛裁判员多为兼职,对武术技术动作研究有限、对操作性不强的武术竞赛规则的理解也有限。[①] 为融入现代竞技体育,针对上述问题的存在,传统武术必须统一规则,统一规则就应该使武术竞赛规则的使用要方便。

现阶段,要想保证传统武术竞赛公平、公正地进行,简化武术竞赛规则非常重要。简化武术竞赛规则是保证武术比赛的客观、公正开展的重要和有效手段,简便可操作性的武术竞赛规则便于裁判员评判,这是促进竞技武术竞赛的竞技化和国际化发展的必由之路。对传统武术竞技规则进行不断调整的过程就是我国传统武术竞技性、规范化发展的过程。

(2)提高武术规则评判的可操作性

纵观西方各竞技体育运动项目,在竞技比赛过程中,竞技评判标准是可量化的,现代竞技体育的评判标准是非常直观的,是用时间、距离等客观数据说明的,如高度、速度、重量、进球数量、进攻次数等。规则的可操作性是现代竞技体育的一个重要特点。

反观我国传统武术,我国传统武术内容丰富、动作多变、套路多样,不仅重视技术动作,更强调"精气神",讲究神韵,这就使得

[①] 张志辉.竞技武术套路竞赛规则嬗变的研究[D].北京体育大学,2015.

武术的评判不仅仅局限于动作、套路的完成。武术对抗,强调"点到为止",这就使得对抗过程中的胜负关系判断很微妙。这种微妙和比武过程谁的武艺武德更高一等就变得很难描述和"不可描述",这就为比武评判的量化、可操作化评判提高了难度。

因此,要想与世界竞技体育融合发展,就必须适应和建立一套符合西方竞技体育评判标准的竞技规则。我国传统武术内容丰富,要进行统一的技术评定,就必须做到规则的规范,现代竞技体育比赛规则的规范化是武术发展的客观要求,这是传统武术评判标准适应现代竞技体育发展要求必须要改造的地方。我国传统武术于1952年作为民族形式体育项目进行推广。此后,我国多次对武术竞技规则和竞赛体系进行不断完善。传统武术的竞技化改造正在不断完善和适应现代体育发展。

(二)武术赛事创建

1.创办武术赛事

武术的竞技化发展离不开竞技赛事的举办,我国封建社会时期是不存在武术赛事的,武术对抗只是民间的"打擂台",对抗规则并不规范。

从西方竞技体育传入我国,我国武术受竞技体育发展影响开始逐渐进行竞技化改造之后,我国开始陆续出现各种武术赛事,体育运动发展实践表明,赛事的成功举办对竞技体育运动项目的发展具有重要的促进作用,当前世界范围流行广泛、关注度高的体育运动项目大都有规模宏大、影响广泛的重大赛事,如足球的世界杯赛事、网球的大满贯赛事、其他体育运动的锦标赛等。因此,要想促进武术竞技化发展,创办武术赛事是一个重要的有效方法和途径。

近年来,我国为推广武术,开始重视武术赛事的举办,我国各级各类武术赛事逐渐增多,武术竞技化发展道路逐渐步入正轨,武术竞技赛事市场逐渐打开,武术竞技赛事举办对武术推广发挥了重要的推动作用。

2. 创建武术品牌赛事

我国当前市场经济发展背景下,有市场需求才有发展空间。传统武术的发展绝对不能走"酒深不怕巷子深"的路子,必须主动进行商品化改造,适应现代商品经济的发展。传统武术赛事发展围绕消费者的需求进行运作,要想使武术竞赛顺应竞技市场竞争、在竞技体育市场化过程中更好地抢占国际市场份额,促进我国传统武术竞技的快速发展,对于武术产品和武术赛事来说,无论是在设计、生产,还是包装方面,都要将以消费者为中心的理念充分地表现出来,并主动参与市场营销,注重打造武术赛事品牌。以此推广武术、扩大武术影响,并促进武术的市场化运行与发展。

经过不断努力,我国一些武术赛事逐渐具有了名气,如"散打王"已成为人们心目中的品牌形象,这是在中国武术与美国职业拳击选手、泰国拳手近几年的连续对抗中逐渐形成的。此类的武术赛事商业价值、市场前景巨大。2014年,我国首次举办全国武术运动大会,这是一项比较年轻的赛事,但也是当今中国武术运动水平最高的赛事,2018年8月,第3届全国武术运动大会成功举办,约1 500名选手在48个分项、126个小项上进行了争夺,此次武术大会提出"让武术融入生活,让武术走向世界,共铸武术魂,同圆中国梦"的口号,并新设"太极"(八法五步)和"功夫"两个展示项目,进一步促进了我国武术运动的发展。

(三)武术竞技人才培养

人才是体育运动发展的重要基础和推动力,竞技体育技术、技能等的进步都需要相关竞技人才去完成和实现。传统武术的竞技化发展的推进,也应该将重点放在竞技人才培养方面。

当前,我国武术发展过程中,武术人才匮乏是制约我国武术持续发展的一个重要因素,武术人才培养不完善是一个不争的事实,武术人才缺乏,尤其是竞技武术人才缺乏严重制约了我国武术的竞技化发展。

现阶段,我国对武术竞技化发展改造还处于发展的初级阶段,传统武术的竞技化之路刚刚开始,武术人才培养方面还存在许多不足之处。客观来讲,我国传统武术群众基础广泛,但是,在传统武术竞技人才培养方面有着许多问题。

当前我国武术竞技人才面临的最突出的问题是,投入多,成才率低,这是我国竞技体育人才问题的通病。我国竞技体育人员方面,由于塔基过宽、塔身过大问题的影响,竞技体育队伍的塔型不协调现象严重,在粗放式发展模式的影响下,投入和产出严重失衡,淘汰率不断增高,很多资源被浪费,效率和效益两者之间的矛盾日益突出,相关资料证实,以全国平均每年在业余训练队选取全部运动员为分析对象,只有在训青少年总量的1.3%。武术人才不像其他一些奥运体育项目具有竞技训练经验和优势,更容易获奖和体现官员的政绩,政府投资有限,缺乏武术训练机构或训练中心,武术人才培养的资金投入不足、组织机构和设施匮乏影响了武术运动从事者的成才。

在竞技武术迅猛发展的时代背景下,传统武术后备人才被割断,对传统武术文化发展带来了极大的负面影响。伴随着竞技武术的发展,在竞技武术人才培养方面已经形成系统性培养模式,具体划分成了上层、中层、基层。与此相反,在竞技武术主导作用越来越突出的情况下,传统武术被迫朝民间活动转入,通过这种方式来生存与发展,但在规范化和科学化两方面却没有任何进展。在传统武术丢掉人才培养模式的规范化空间之后,传统武术发展基础与发展动力也逐渐消失,竞技武术发展事业无人承继。

(四)武术竞赛体系完善

正如前文所提到的,在武术竞技化发展的道路上,竞技武术是一个年轻的竞技项目,发展时间短、经验少,竞赛体系建立不完善,要促进竞技武术的持续发展,就必须规范武术赛事发展,建立完善的武术竞赛体系,具体要求如下。

(1)创办赛事之初,应就武术赛事的市场定位与市场发展空间进行分析。

(2)实事求是,对举办地的政治、经济、文化、体育等环境进行深入调查,深入调查与分析影响武术赛事的内外环境,科学制订赛事计划。

(3)政府应为武术的竞技化改造与发展创造良好的政治、文化环境。应在竞技武术"既是民族的,又是世界的"这个涵盖深广的问题上做推广,以更好地适应世界各国人民的需要,扩大群众基础,为武术的可持续发展和竞技化发展创造良好的国内、国际武术文化发展环境。

(五)重视武术文化的社会宣传

我国底层社会是武术得以传播的重要领域,所以社会民俗文化是推动武术传播的重要媒介,传统武术具有特定广泛性和生命力,传统武术是对我国广大群众审美特点的反映,立足于武术形式和文化关联两方面,均显现了对人生和理想的观点,充分表现了武术的深层次内涵。只有大众武术文化观念得到普及与推广,才有武术的生存土壤。

第三节 文化视域下武术文化的认同与自我觉醒

一、武术文化认同

(一)文化认同与武术文化认同

文化认同(Cultural Identity)是人们对文化的一种心理上的认可,是人们在一个民族共同体中长期存在的文化形式的肯定,对这种文化的认同其核心是对该文化对民族的价值的认同。[①]

武术文化认同,是指对武术这一文化形态的认同,包括对武术的文化内涵、思想基础、地位、意义、价值等的肯定认识。具体来说,武术是一种体育运动形式,也是一种文化形态,具有丰富的文化内涵,其伴随着中华民族的文化发展史,不断丰富和发展成熟,是中华民族的一种具有代表性、象征性的文化形式。武术运动具有健身性、技击性和观赏性多种属性,武术文化内涵丰富、博大精深,武术文化中所包含的"天人合一""形神兼备""扬善除恶""仁义谦虚"和"尊礼重道"等,都是武术文化的精髓,也是被中华民族所认可的文化内涵,体现了东方传统体育与西方体育的体育观、价值观的明显的不同。

(二)武术文化的核心价值

文化认同,首先是价值观念的认同,从这一角度出发来分析武术文化,要实现武术文化的自我认同,就必须充分了解和理解武术文化的重要价值,尤其要理解武术文化的核心价值。这是实现武术文化认同的基础。

武术文化的核心价值具体表现如下。

1. 尊礼重道

中国自古为礼仪之邦,"礼"是中华民族文化的非常重要的一部分,古语解释"礼"为"不易之礼,乃礼之里面,礼之精髓;礼之意义,约略如此"。重视习武过程中武术对习武者"礼"的教化,是我国传统武术文化的本体价值。"礼"是武术文化的"内核","礼"的本质为"道"。

从武术文化的发展来看,武术产生之初,是获得生产资料的手段,是丰富业余生活的身体活动,是军事训练的重要方法,并无"礼"和"道"的内容,但是,随着武术的逐渐发展,武术文化被赋予

[①] 刘文海.文化认同视域下武术文化传承与对策研究[J].民族传统体育,2015,5(34).

更多的"礼"和"道"的内涵。

传统武术文化中的"礼"最初是阶级社会中对权力的强调,在这种"礼"制下,武术逐渐具有了文化性质,并逐渐形成"尊师重道""武德戒律"等行为准则,在世代习武者身上传承、沉淀下来,并不断得到发展与完善。

传统武术文化中的"道"表现在多个方面,如武术健身养生之道、习武学艺勤恳之道、以武交友会友之道、对抗技击中的"点到为止"等。武术的"道"是对"礼"的具体阐述。

2. 身形兼修

武术文化建立在我国传统武术哲学思想上,深受我国传统武术哲学思想的影响,在武术的健身、养生过程中总结出了一套身形兼修、修身养性的体育观。

作为一种身体活动内容与形式,武术首先是一种体育运动,是一种肢体语言符号,它注重"身韵"的塑造,和其他体育运动形式不同,它的"身韵"内涵赋予了武术文化长久的生命力,并在此基础上追求"神韵",主要体现在"形神兼备"方面,并讲究内外兼修。这是具有独特东方体育文化思想的健身养生观与运动观。

3. 德艺双馨

习武重德,武术是一种文化资源和教育资源,通过肢体传播、通过思想影响。习武者在习武过程中学习武术体式、领会武术精神。武德是一种从武、习武道德,武德是习武之人必须遵循的行为规范和准则。

武德贯穿于习武者拜师择徒、教武、习武、用武的全过程,尽管在不同的历史时期和拳种门派中,武德的具体要求不同,但作为传统武术文化中的核心部分,从古至今,武德一直符合中华民族的伦理道德、行为处事准则和对"善""美"的追求,是习武者的自我约束,这种良好的品德修养还同时影响了同一时期的社会大众的道德观念。

"武德"是传统武术文化的重要组成部分,武德是在武术这一特殊领域中对社会伦理道德思想的具体运用,随着中国民族文化的不断发展,武术的"武德"不断丰富,并逐渐发展成为中华民族伦理道德思想的重要一部分,成为中华民族精神之一。

二、武术文化自我认同向文化自觉的转变

文化自觉,指一种文化在充分地认识自身文化的基础上,了解自身文化与其他文化的关系。[1] 武术文化的自我认同与自觉体现了现代人对武术文化的深刻认识。

(一)关注武术文化

关注武术文化是武术文化自我认同和自我觉醒的重要基础,是进行武术文化保护和传承的前提,如果每个人都不关注武术文化,那么武术文化终将自生自灭。

中华人民共和国成立以来,我国非常重视体育发展,对于我国传统体育及其文化更是采取了高度重视的态度,在党和政府的支持下先后进行了几次大规模的整理与挖掘工作。武术文化作为我国传统体育文化的代表,其在新时期的发展也得到了重视。

目前,气功和禅修被广泛应用在养生益智与放松身心活动中,这些价值仅仅是气功与禅修的多元价值体系中一些作用较小的组成部分,现在却被赋予多项功能,这正是对武术文化的关注和重新认识。

(二)重视武术文化传承

武术文化是我国乃至全世界的优秀文化瑰宝,是人类优秀文化的代表之一。对武术文化价值观念的认同是促进武术文化发展的重要基础和前提,在此基础上,促进武术文化向文化自觉的

---

[1] 刘伟林.气韵论[J].华南师范大学学报(社会科学版),1998(4).

转变。

　　武术文化传承是文化自我觉醒的重要表现,对武术文化的传承应是整体的、全面的,并非单一形式的技击技法的传授,具体到传统武术文化来说,传统武术属于一种独特的教育形式,传承传统武术文化就是开展一种教育活动,通过教育("师徒传承""口传身授"),传统武术的技术和文化才能得以保存并流传发展。师徒传承、家庭传承、教育传承都为武术文化在现代社会的科学传承提供了传承途径。

　　武术文化传承能促进武术文化在现代社会的持续推广与普及,与新时期我国所倡导的"建立文化自信"的发展目标是一致的,有文化可传承,重视文化传承,是对自有文化保持自信的一种重要表现。

(三)丰富武术文化内涵

1. 挖掘整理中国传统文化,吸收中国传统文化精华

　　我国武术文化发展至今,历经千年,文化内容体系十分丰富,在武术文化的发展过程中,许多文化内容在中途消失了,还有一些文化内涵没有得到正确的认识和深入挖掘。

　　传统武术文化在受不同历史时期的政治、经济、军事、宗教、文艺等社会多因素的影响下,不断吸收优秀文化成分,从原始的单一的身体运动形式,逐渐发展成为内涵丰富的体育文化体系,并在不同的历史时期影响着人们的思想,武术文化的影响还将持续下去。武术在我国历史悠久,流传数千年而不衰,充分说明了武术在其发展历程中能始终满足不同历史时期社会文化的发展需求,对社会和民族文化的发展具有重要的促进价值与作用。

　　传统武术文化是一种包容并蓄的文化。武术文化是在我国丰富的传统文化的培育下逐渐发展起来的,是中华民族传统文化的集大成者。在武术及其文化持续不断的发展历程中,通过对中国其他传统文化形态内容的吸取,传统武术对自身的文化内涵的不断丰富与调整、完善,因此,武术才能在社会文明不断发展、人们思想观念不断转变的过程中,始终保持较强的生命力。武术的文化内涵使其能在各个社会发展时期被人们认可接受,并在一些特殊历史阶段成为人们所标榜和宣扬的文化内容,武术丰富的文化内涵是其保持顽强的生命力的基础。

当前,建立文化自信,重视文化传承,挖掘与整理我国传统武术文化,就必须将武术文化放到我国传统文化体系中去,进一步深入挖掘和吸取我国优秀传统文化的精华内容,进行自我丰富与完善,不断完善武术文化体系(表3-1)。

表3-1 武术文化不断丰富的内涵①

武术文化	武术功能	武术需求	武术形式
文化萌芽	生存竞争	本能	人与兽斗
吸收兵学、军事	原始战争	政治	人与人斗
吸收宗教文化	宗教娱乐	宗教	武舞、战舞
吸收生活文化	谋生手段	竞争	卖艺、武艺
吸收生活文化	养生方式	健康	导引术、气功
吸收生活文化	锻炼身体	生命	导引术、气功
吸收儒道释文化思想精华	人性修炼	人格	修身、养性、解说流派学说
吸收儒道释文化思想精华	心力修炼	心理	修身、养性、解说流派学说
吸收儒道释文化思想精华	陶冶情操	兴趣	修身、养性、解说流派学说

2. 吸收西方体育文化优秀内容,与西方体育融合发展

在世界文化体系中,武术文化是我国文化的瑰宝,也是世界优秀文化的重要组成内容,它不仅影响着中华儿女和社会文化的发展,还将影响全世界的人和文化的发展。

当今世界是一个开放的世界,各种文化相互影响、相互交织,

---

① 李亚云.文化自觉视角下武术文化发展研究[D].西安体育学院,2015.

第三章　武术文化传承与变革的辩证思考

整个世界范围内人与人、文化与文化的接触越来越频繁,"地球村"的概念被提出,这也就意味着任何一种文化不可能"闭门造车"和孤立地不受外界影响。不同的文化之间的交流、影响,其根本动因就在于文化差异。文化差异作为初始动力,对文化交流的产生、扩大和发展产生重要的推动作用。传统武术文化的发展必将受到西方文化思想的影响,也会在一定程度上影响西方体育文化的发展。

近代鸦片战争以后,我国国门被迫打开,包括西方体育文化在内的西方文化涌入我国,对我国传统文化产生了极大的影响与冲击,当时,受西方体育观念的影响,我国传统武术在逐渐吸收西方体育文化理念的基础上,走上中西方体育文化融合之路。[①] 我国传统体育融入现代体育的范畴之中,具有了竞技化的性质,武术开启了竞技化发展的道路(表3-2)。

表3-2　传统武术与体育化武术的文化表征对比

	传统武术	体育化武术
功能	军事、健身、文化功能	以健身功能为主
属性	文化属性	体育属性
传承模式	师徒传承、家族传承	师徒传承、家族传承、馆校传承
传承方式	言传身教	课堂讲授
学训形式	以师傅带徒弟的形式,数人私密教授学习和训练	以课堂的形式,集体公开授课
学训场地	私密、僻静	公开的体育场馆、公共场地
学训内容	武德与武技,德艺同修的演练技击一体的功夫	课堂讲授的知识和技艺,强调武德教育,主要为武术演练技术
理论基础	传统哲学、天人合一、阴阳五行学说,兵学、中医学	运动生理学、运动训练学、教育学、心理学、现代医学
价值取向	修身养性,淡泊名利;追求"天人合一"的和谐	重竞争和自我价值的实现;更多地与商业挂钩

---

① 冉学东.对中国武术体育化进程的文化反思[J].成都体育学院学报,2014(1).

当前我们看到的一枝独秀的竞技武术,与传统武术相比,在动作内容、动作结构、动作布局上都有很大不同,不同之处有攻防技击日益弱化、动作明显优美、动作难度增加,这些不同都反映了竞技武术的"高、难、新、美",表明竞技武术通过这些方式来引发人们的关注和好感。这些例子都证实着如今传统武术和传统武术文化在西方体育价值作用下出现的异变。

发展到现在,在全球化境遇下,武术文化的传承不能仅囿于国内,必须走出国门,扩大传统武术文化的影响力。我国传统武术文化与西方体育思想的融合发展不仅是传统武术文化自身发展的需要,也是世界文化一体化发展的客观要求。

(四)增强武术文化凝聚力

文化凝聚力,是促使个体自觉从事某种实践活动的内在的一种驱动力。武术文化的经久不衰,使得中华儿女在文化认同上产生心理共鸣,使得中华民族文化能作为一种黏合剂将中华儿女紧紧地联系在一起。

民族文化的发展首先要得到本民族的认可,并为拥有和传承民族文化而感到自豪和骄傲,如此才能愿意投入到民族文化的学习、传播、传承实践中去。

增强武术文化凝聚力,就是要增强中华儿女的武术文化自信,为武术文化的现代化传承奠定思想意识基础。

当前,提高个体和群体的武术文化自信心和凝聚力,要求做好以下两方面工作。

(1)在全社会范围内积极宣传武术文化,营造良好的武术文化社会氛围。政府应给予武术文化良好的推广、普及与传承空间与条件,营造良好的武术文化发展氛围,发动全社会的力量传承武术,使每一个人都认识到武术文化传承的重要性和意义,并自愿肩负起武术文化传承的责任。

(2)习武者要树立起武术文化自觉意识,积极参与到传统武术及其文化的学练之中,坚持练功、坚持修行,长此以往,才能提高自身的武术文化修养与品格,才能保证对传统武术文化的全面理解和保持原生态的传承。

三、武术文化的自我反思与持续发展

传统武术历史悠久,源远流长,不仅是全人类珍贵的宝藏,同时还是先辈留给我们的精华,所以我们每个人都有责任去保护。我们可以在传统武术基础上变换花样,但不可以改变其本质,曲解其内涵。在当前竞技体育文化为主导的环境下,在高度追求运动成绩思想的作用下,强调武术的竞技化发展与当前体育竞技发展趋势的适应,同时,也要重点考虑传统武术的发展方向、文化冲突的解决措施,避免武术竞技化发展过程中的完全异化。

(一)肯定武术竞技属性,促进武术的技化发展

世界体育一体化发展背景下,武术竞技化发展是武术适应现代社会和体育文化发展的一个重要途径和必由之路。

新时期,对武术竞技性不断挖掘,在确保武术文化核心价值和观念不变的情况下,对武术进行合理的竞技化改造,是武术在现代社会的自我重新定位。

近年来,我国政府特别重视武术的发展,在促进武术文化的传承与发展中做出了许多努力,例如,积极地组织和举办各类武术比赛、重视武术教育发展、开展多种类型的武术文化推广活动等,这些举措对我国武术的发展起到了重要的推动作用。2012年11月,第5届世界传统武术锦标赛在安徽举行,吸引了55个国家和地区参与,进一步推广了中国传统武术,弘扬了传统武术文化;2013年2月,武术被确定为奥运会候选项目,这是武术取得的又一个重要的进步;2016年7月26日,国家体育总局公布了《中国武术发展五年规划(2016—2020年)》,各地武协认真部署、积极落实规划内容,发展武术之乡,设置地域性特色武术拳种校本课程,我国武术发展正在走上一个新的台阶。

但必须充分认识到的现实是,武术文化并没有渗透到人们的日常生活中,武术文化只是在特定的场合被提起和被关注,我国武术习练的主要人群仍集中在老年人群中,这说明当前社会大众对武术文化的自我认同还没有达到较高的水平。武术及其文化的推广和复兴之路还很长。

需要特别提出的是,站在理论的角度进行分析,竞技武术是在传统武术基础上的再次创新,然而竞技武术在发展过程中已经丢弃了传统武术的本质特色,最后产生竞技武术和传统武术并行发展、彼此独立的怪象,由此出现了广大群众将竞技武术当成是传统武术再次延续的错觉。当前,亟须解决的难题是怎样通过传统武术创新来凸显其本质属性,并且在突出传统武术本质属性、兼容传统武术"术道并重,内外兼修"特征的情况下,让广大群众更容易接受。因此,在武术竞技化发展过程中,应始终明确以下两点。

首先,武术文化是一种需要内化的体悟文化。武术文化的传承是一个需要体悟实践和内化的过程。习武者在习练武术的过程中,不仅仅是身体训练,更是一种通过肢体运动接受传统文化熏陶和塑造,内化武术内涵的体验过程。[①] 武术的习练过程还强调身心兼修,强调习武者对武德的学习和对武术文化的传承。而武术文化内涵丰富,并非一朝一夕就能掌握,也并非艰苦习练就能领悟,习武者对武术文化的解读需要一定的文化基础,大众对武术文化的理解也需要建立在对我国传统文化充分理解的基础之上。因此,武术传承,并非像西方竞技体育那样,单凭反复的技术学练和提高就能实现,还需要"体悟"。

其次,武术文化是一种"知行合一"的文化。武术文化以我国传统哲学思想为基础,融合了我国传统文化的重要精神内涵,体现了古人对宇宙、生命、个体、群体的思考、理解与感悟。是一种自我教化的文化。武术文化的领悟需要一个较长的时间才能有

---

① 李亚云.文化自觉视角下武术文化发展研究[D].西安体育学院,2015.

所成效。因此,武术传承,并非像西方竞技体育发展通过技术改进来实现速度、力量、高度发展,更需要"知而行,行而思,思而悟,悟而得"。

(二)挖掘武术娱乐健身性,满足现代人休闲娱乐的体育参与需求

当前社会已经进入休闲社会,在当前休闲体育时代,人们对体育文化的需求更多地倾向于娱乐、休闲,观看与欣赏武术文化表演、武术赛事是现代人接触和参与武术文化的重要方式。在娱乐休闲时代,人们享受丰富的文娱生活,也不仅仅满足于感官的刺激,人们更加重视心理需求,随着人们体育消费观念的转变和对消费质量的重视,当前的体育消费已经进入到了一个由文化引领的时代。人们对体育文化的追求已经开始逐渐上升到更高的精神层面。武术与其他文娱活动相比,有着丰富的文化内涵,这是武术文化在当前休闲娱乐时代发展的一个重要优势。

武术的娱乐价值不仅指其具有外在的形式美,其技击性也受到人们的推崇和欢迎。在武术对抗中,武者能够将自身的勇敢、威武、顽强、聪慧甚至暴力的特征充分展现出来,使得观赏者在思想上受到熏陶,精神上得到满足。

在当前大众休闲娱乐时代,要进一步推广与发展武术文化,就必须充分发掘武术表演、武术竞赛的文化内涵,通过武术文化表演、武术赛事的举办,传统武术的娱乐性、观赏性、竞技性得到了充分展示,不仅促进了武术文化产业的发展,同时,也满足了当下人们对体育文化的欣赏需求。

(三)信息时代的武术文化网络传播

武术文化传播是武术发展的重要驱动力,当前,社会媒体在文化传播中的作用越来越大,对大众舆论和关注内容具有重要的导向作用。因此,可以说,当前的信息时代,就是媒体主导的时代。

当前信息时代,信息库的建立是信息资源链接中的一个非常重要的必要环节。中华民族传统武术的众多内容需要通过现代科技手段将各个环节数字化,并保留下来,同时,将其纳入"中国非物质文化遗产影像档案""中国非物质文化遗产数据库"系统,以及国际"人类活财富"等体系,通过现代信息技术处理使得武术文化更加形象、生动,能得到全方面的展示,能得到最高效的文本复制与传播。

在信息时代,关注新媒体对武术文化的传播,需要明确以下两点。

(1)注重传统媒体对武术文化的传播,信息时代新媒体在文化传播方面具有很多优势,但这并不代表传统媒体对武术的传播是无效的,传统的大众媒体与体育文化传播之间是相互影响、相互促进、共同发展的关系。一方面,大众媒体可以促进体育文化的普及,另一方面,随着体育运动水平的提高和体育文化的备受关注,传统媒体在武术文化传播方面的作用也越来越强。

(2)强调主流媒体的文化宣传主导作用。武术文化是我国优秀传统文化,是一种先进的文化,是一种积极健康的文化,对其推介一定离不开主流媒体、自媒体等的宣传和推广。新媒体时代,人们可以随时随地接受来自各方面的信息,在这样的媒体环境下,普及与推广武术文化,需要对武术文化进行整合传播,因此,必须发挥主流媒体对其他媒体的主导作用。

(3)加强言论和信息监管,规范信息传播环境。互联网的存在使得人们的信息交流更加便捷,也为各种文化信息的交流提供了一个自由、开放的传播空间,任何人都能发表言论,编辑信息,然后再传播出去。在新媒体不断出现和博得大众眼球的当下,必须始终对武术文化传播保持警醒,对媒介生态环境有清晰的认识和把握,否则就可能导致武术文化的虚假宣传、误传,可能造成非常严重的不良社会影响。

第四章 武术文化传承的基础与可行性分析

武术文化传承是一个复杂的系统工程,需要长期坚持,在武术文化传承过程中,每一个文化传承的环节都应该受到重视,如此才能确保武术文化传承工作真正落到实处,才能确保武术文化传承的流畅和本真。本章重点就武术文化传承的基础理论体系进行全面解析,详细阐述了武术文化的传承者与传承方式,在此基础上结合国内外社会文化发展情况分别就武术文化传承与和谐社会构建、全球化背景下武术文化的发展机遇进行了深入分析与研究,指出了当前新时期武术文化传承的可行性与重要价值,更为武术文化传承提供了理论指导与理论支持。

第一节 武术文化传承基础理论体系

一、传承者

(一)传承人的概念

传承人指文化继承者,武术文化的传承人指的是对传统武术文化直接参与传承,使之可以不断沿袭的个人或群体。

在武术文化的发展过程中,武术文化传承人习得武术文化的外在表现形式,心领神会武术文化的内涵,并在日常生活中表现出来或对下一代进行专门性的技术、思想、理念传授,正是得益于此,武术文化才能世代相传至今。

传统武术文化的不断繁荣与发展离不开对其进行传承的人的努力,传承人是对传统武术文化进行保护的重点对象,是传统武术得以不断延续与发展的关键。

(二)传承人的作用

世界范围内,各个国家和民族都非常重视本国和本民族的文化传承与发展,文化传承与发展是一个世界性课题。

武术文化传承与发展是我国传统文化传承与发展的一个重要问题,目前,武术文化被确定为我国和世界非物质文化遗产,结合国际相关组织的一些规定可以对文化传承人在文化传承过程中的作用有一个清楚的认识。

联合国教科文组织在《保护非物质文化遗产公约》(以下简称《公约》)中界定了非物质文化遗产的概念,强调了非物质文化遗产的"世代相传",并且提到非物质文化遗产在社区与群体能够不断得到再创造,民众对其的认同感也是持续的。《公约》中所提到的这些都是以"人"为出发点的。传承人的"世代相传"有多种途径,主要包括师徒相传、学校教育、家庭传授以及社会传承等,传承人确保了文化的世代延续。

因此,就武术文化传承来说,武术文化传承人主要有两个作用。

(1)传承人在武术文化的多元传承途径中担负着"接力棒"的职责,并发挥"接力棒"的作用。

(2)在传统武术文化传承过程中,文化传承人承载着武术文化的世代间的传承与存续,并在当代对武术文化进行发扬与创新。

(三)传承人的认定

传统武术传承人的确认过程是十分复杂的,简单归纳必须包括以下几个步骤。

(1)对传承人进行一系列步骤的培养。

（2）对传承人用不同方式进行考核或考察。

（3）以武术文化传承知识的数量与质量的掌握情况为依据来最终确定哪一些人更适合传承与发扬武术文化。

在国际社会上,要求对非物质文化遗产传承人必须原汁原味传承非物质文化遗产。我国一些非物质文化遗产的申报中,传承人存在争议。以我国少林功夫的传承人甄选为例,少林寺方丈释永信因对少林寺的发展起到了重要作用,被确定为我国国家级非物质文化遗产少林功夫传承人,但他忙于寺务处理和商业开发运作,自然会在少林武术文化研究、少林功夫造诣上面投入的精力减少,因此在大众舆论中,释永信入选少林技艺传承人是存在较大争议的。

（四）传承人的权利与义务

武术文化传承人在传承武术文化过程中拥有一定的权利,同时要承担一定的义务,权利和义务是相统一的。

1. 武术文化传承权利

武术文化的传承人具有依靠自己的技能开展相关活动的权利,这些活动主要包括讲学、学术研究、传艺以及创作等。

武术文化传承人在文化传承中所拥有的合法权利应当受到法律的保护,法律应当保护传承人的这些权利,法律对这些权利的保护主要体现在民事法律和非物质文化遗产保护方面的相关制度中。

2. 武术文化传承义务

传承人在文化传承中承担着重要的责任。权利与义务并存,法律对传承人的基本义务也具有具体的一些规定。具体涉及以下几方面。

（1）武术文化传承人应该对自己所掌握的知识、技艺及有关的原始资料、场所、建筑物以及实物等进行完整保存。

（2）武术文化传承人应将个人技艺向后人传授。尤其是享有国家经济补贴的传承人更要自觉并自愿地传授技艺。

(3)武术文化传承人应依法开展非物质文化遗产的展示与传播等活动。

(4)武术文化传承人应该按照师承形式或者其他方式对新的传承人进行一年一度的选拔与培养。如果条件允许,传承人可通过书面著作传承武术文化。

(五)不断提高传承人素养

如前所述,武术文化传承人在武术文化的传承过程中发挥着十分重要的作用,因此,不仅要慎重地对武术文化传承人进行认定,更要不断提高武术文化传承人的素养。

不断提高传承人素养的必要性具体表现在以下三个方面。

(1)武术文化传承人的个人素养(如武术文化知识与技能掌握情况、个人武德和日常行为道德、语言表达和技能传授教学能力等)将直接影响其对武术文化的传承质量。

(2)我国武术文化传承方式主要是以师徒传承为主,人的口传身授或口传心授,这种形式是非常容易发生变异的,如果传承者不能很好地表达,令下一代传承者很好地掌握,则会令文化传承变成空想,并做许多无用功。

(3)武术文化中,包含着一些特殊内容,一些玄虚内容赋予了武术神秘的色彩,这种神秘感又被"师傅"们不断地放大,故弄玄虚地将一种身体运动技能说得能量无比巨大。而在传授弟子们武术的时候,"师傅"们顾忌如果弟子们很快地掌握并超过了自己的技术技能水平,那么,其师傅的地位就不保了,为了能够使自己的地位得到较好的保持,就会在给弟子传授技术的过程中留一手,这就导致武术原本在套路中富含的实用技击性技术成分便逐渐流失。

全面提高武术文化传承人的知识、技能、品德、教学等素质,提高武术文化传承者对武术文化的严谨态度和文化传承奉献精神,就能确保武术文化的全面、持续传承。

二、传承方式

武术文化传承至今,在武术文化传承千年的历史中产生了许多文化传承方式,一些武术文化传承方式十分有效而长期存在,一些武术文化传承方式因为低效而被淘汰,在近现代,还有一些原来不被看好的或处于非主导地位的武术文化传承方式受到重视而大力推广。这些武术文化传承方式都促进了武术文化的传承。这里重点分析以下几种武术文化传承方式。

(一)口传心授

口传心授是文化传承的一种重要方式,尤其是对于武术文化传承来说,更是一种非常重要的传承方式。

武术文化可以是有形的,也可以是无形的,对于无形文化(如武术哲学思想、武术功法意境)来说,只能通过人与人之间的交流进行传授和传承,文化的口传心授可以分为两种形式,具体如下。

(1)口传:通过语言的形式传授武术文化知识、技艺内容,使传承者掌握武术文化内容。

(2)心授:心授授"法",在武术文化传承中,重视传承人对武术文化的"悟"的培养,需要心领神会。

(二)言传身教

"言传",其字面词义为通过语言来传授文化内涵、内容、形式、形态,使传承者掌握具体的文化内容体系。语言传授的是文化的表象内容。

"身教",即通过传授者的行为举止来影响文化传承者的思想和行为,以此来实现对传承者的思想、道德层面的文化传承。身教传授的是文化的精神内涵,使传承者掌握文化内容外在展示方法和途径。

在武术文化传承过程中,言传身教不仅在上一代和下一代之间存在,也在同代的年龄相仿者之间存在。在我国古代,兄弟姐妹之间、朋友之间相互交流与切磋武术文化内容,通过有意识、有目的,或者无意识、无目的的武术活动信息的传播来相互教授,提高武术技能和思想认知。在现代社会,不同的习武者之间,相互学习的过程就是一种武术文化的言传身教过程。

(三)宗教传承

武术文化的宗教传承,在我国原始社会时期存在。

在原始社会时期,由于生产力水平的落后,人们的认识十分狭隘,出于对自然现象的恐惧,便萌发了万物受神灵主宰的观念。他们最初崇拜图腾,后来发展成为宗教信仰,祭拜神灵成为教化全民的活动。

宗教文化是人类早期文化重要的一部分内容,其渗透到人类各种文化形态之中,包括武术文化。宗教在民族文化传承中是一个非常重要的文化基石,各民族的宗教活动都是在正式的、公开的场合进行,是对本民族文化的一种系统的传承。

世界上许多民族,包括我国各民族,都非常重视宗教活动,每逢宗教节日,全民族都要参与到祭祀活动中,以身体活动为载体,传播的深度和广度影响深远。宗教对人类文化的影响主要表现在两个层面。具体如下。

第一,宗教的表层文化影响。宗教是民族特有的文化在宗教活动中的行为表现。

第二,宗教文化影响人的思想意识和心理,通过教义、教理来影响(控制)教徒思想。

在宗教祭祀活动中的"武舞"是早期的武术雏形,之后逐渐形成武术动作、套路内容,并在宗教祭祀表演活动中存在。

(四)教育传承

1. 家庭传承

家庭是个体接受教育的第一场所,家长是文化传承的重要传播者。"父母是孩子的启蒙老师""父母是孩子最好的老师"等说法,就肯定了父母在教育方面的重要地位,是对父母教育职责和教育优势的简要概括。

武术文化的家庭教育传承具体分析如下。

(1)传承范围——家庭与家族

家庭传承,在家庭成员范围中进行文化传承,指在某个家族或群体的范围内进行的文化的传授,这一传承形式实现了技艺和文化的传播和发展。

家族传承是我国古代社会传统文化,包括武术文化的重要传承方式,这种文化传承以家族为传承主体,通过上一代与下一代之间(父母与子女)、同代之间(兄弟姐妹之间)的口传心授来实现文化内容和形式的延续发展。

(2)传承主体——长者为主,其次为文化素养高者

在家庭武术文化传承中,往往是父母将武术文化传承给子女,更多时候是"传男不传女",也有部分地方的武术文化或者一些特有的武术文化内容的传承"传女不传男"。

此外,同代兄弟姐妹之间的传承,往往是武术文化素养、修养高者对其他同辈的言传身教。这种情况多见于家族确定了首要的武术文化传承人后,由首要的武术文化传承人在与其他同辈的共同武术文化学习中的相互交流与切磋。

(3)传承优势——文化的本真、全部传承

家庭传承形式的存在与我国古代社会的家庭观念有密切的联系,这种传承保证了文化传承的毫无保留。

中国人的家庭观念非常重,非常重视血缘关系,注重家庭和家族的凝聚力,张岱年先生曾说:"中国文化以家族为本位,注意个人的职责与义务,西方文化以个人为本位,注重个人的自由和权利。这是东西方文化之间很重要的一个差异。"[①]

在中国人心中,家庭具有很重要的地位,在古代中国以农耕

---

① 张岱年,程宜山.中国文化与文化论争[M].北京:中国人民大学出版社,1990.

生活为主的社会中,家庭无疑是中国传统社会的最基本单位,在当时社会的影响下,一个由血缘关系组成的习武群体,以家族长辈的经验认知为主导,这种家庭传承具有很强的文化排他性,在中国人传统家庭观念中,家庭伦理关系(父慈子孝、兄友弟悌、夫唱妇随等)制约着家庭成员的思想与行为,每个人必须遵守,如果违背就会受到本家族,甚至整个社会的谴责。在漫长的历史发展时期,我国武术文化都是以家庭为主要单位进行传承的。

2. 师徒传承

我国是一个家庭伦理观念非常重的国家,在我国古代,师徒关系是一种非常稳固的关系,它仅次于家庭血缘关系,也具有和家庭血缘关系一样的一套伦理道德规范体系,并受到整个社会的认可。

关于师徒关系,有"师徒如父子""一日为师,终身为父"等描述,师傅与徒弟之间,虽然没有血缘关系,但他们以父子的形式存在,并按照父与子之间的关系明确彼此的行为规范,这就使得这种师承关系能够非常稳固地存在,并确保师徒之间的文化传承如同家庭传承一样得到全面的传承。

师徒传承与家庭传承相似,具体是指在家族或者某个群体组织范围内进行的传授和修习,以达到技艺或文化继承之目的。武术文化的师徒传承是建立在家庭传承的基础之上的,是传统武术文化传承的重要途径。也有学者将师徒传承看作是家庭传承的一种特殊存在形式,其具体的理论根据是:一些传统武术项目本身就是有某个家族世袭传承,如陈式太极拳,由陈王廷创始,一直有陈氏家族世袭传承人,但也有四面八方的人闻名而来拜师学艺,因此家庭传承也不仅限于血缘关系。

在武术文化的师徒传承中,以"师父"为核心,在徒弟拜师以后,师徒之间就形成了一种类似于"父与儿"的契约关系,同样,师兄弟之间也产生了类似"手足兄弟"的关系。如此,虽然传人来自四面八方,但各门各派在这种关系下形成了一个"大家庭"。大家严格按照伦理关系中尊卑长幼之序,形成了一个富有凝聚力的团队,师徒传承具有凝聚性的特点。

3. 学校传承

学校传承跟师徒传承有很多的相似之处,在学校中称教授者为"老师",这与师徒传承中的"师父"很相近,只是"老师"是职业传承,而"师父"则是义务传承。

现阶段,学校传承是传统武术传承的新的途径,它是在武术被列为校园教育内容后形成的。学校是文化传承的重要场所,通过学校教育来实现对武术文化的传承是非常有效、高效的。

在我国古代,就有了对传统文化的学校传承方式,如早期的贵族学校"校""序",封建社会的私塾,在武术文化传承中,民间武术结社和武馆就是类似于学校的武术文化教育与传承机构,习武爱好者慕名来拜师学艺,形成一个庞大的教育团体。

这里所说的武术文化的学校教育传承,专指现代各类各级学校的武术教学,与其他传承方式相比,文化的学校教育传承是一种规范化的文化传承,能实现对多个传承人的文化传承的同时进行,是现代社会文化传承的主要形式。

学校教育传承是国家传承文化的重要和有效途径,目前各国和各民族都重视发展本国和本民族的学校教育,并通过完善学校教育内容,为文化的学校教育传承提供有利条件。学校教育传承对全人类文化的传承与发展有重要推动作用。

在当前社会背景下,学校传承是武术文化传承的新选择,它可以扩大传承面,有利于发现和培养杰出传承人,在传统武术的传承上,学校传承途径将会发挥越来越大的作用,是未来传统武术传承的主要途径。

(五)群体传承

群体传承是由一个群体的社会成员共同传承某种形式的传统武术,并在此基础上进行创新和发展。

群体传承是文化传承的基本形式之一。该文化传承具有以下特点。

1. 集体性

群体参与是群体文化传承的非常重要的方面和一个显著特征,它要求整个社会具有良好的社会文化环境。

群体传承除了是传统武术技艺的重要传承途径之外,也是中华传统文化传承和发展的途径,如民间的一些禁忌、风俗、礼仪等是由民众从生活生产中总结而得,但是又反过来对社会成员形成强大的约束力和规范力。

就武术文化传承来说,武术文化中的行为制度受到各种社会风俗和礼俗的影响,因此形成了传统武术的礼仪制度、规章戒律、道德规范,即武德。

2. 凝聚性

群体文化传承是建立在群体有共同的文化背景、文化认知、文化心理的基础之上的,在传承过程中可以起到增强群体凝聚力的作用。

通过群体传承的方式来传承传统武术文化,这种传承依托于整个中华民族的传统文化背景、相同的民族认知,是通过整个社会文化的传承来实现的,如民族民俗、社会风气、文化礼仪等,在日常生活中潜移默化地影响每一个人。

武术武德与社会公德之间的关系能很好地说明武术文化群体传承中的精神凝聚特点与作用。具体来说,武术文化中的制度和精神也在群体认同中获得传承,并反过来规范着特定群体成员(习武者)的思想、行为。传统武术文化中的行为制度受到一定地区的社会风俗习惯的影响,在此基础上,传统武术文化的礼仪、规范、禁忌等,共同构成了传统武术文化的武德内容,武德的形成是群体武术文化传承的结果,并非个人的提倡和规定,中华武术首先强调的并非主动攻击,这与中华民族传统文化中的仁爱、修身、行善等具有非常密切的关系,建立在这种社会文化基础之上的武术文化也固然会表现出对良好行为品质倡导、对不良行为禁止和惩治的特点。如少林"练功十忌"（忌荒惰、矜夸、躁急、太过、酒色、狂妄、讼棍、假正、轻师、欺小）；洪家拳要求习武者："有爱国思想存于其间。诚肯筋骨废弛，不能报国；东海可移，此志莫易；磨练筋骨，留以有待。"这都是文化对群体成员行为规范的约束。发展到现在，武术思想内涵更上升为中华民族的精神内涵，代表了中华民族为人处事的智慧，是中华儿女引以为傲的重要文化内容，对提高民族凝聚力具有重要的促进作用。

（六）社会传承

社会传承的关键是营造良好的武术文化氛围，武术文化的社会传承表现在人们日常生活和社会生活的方方面面。

1. 生活方式影响

生活方式是指与日常生活相关的内容和方面。生活方式的形式大体分为两种：物质生活方式与精神生活方式。生活方式是文化得以传承的重要途径之一，通过生活方式来传承文化，内容是多方面的。

文化的生活方式传承是最基本的和源远流长的，这主要是因为，那些充分反映着一个文化的生活方式是人类在生产生活中逐渐形成的，是人类最基本的、稳定的文化形态，因此，在长期内是很难改变的。

我国民族文化内容丰富，形式多样，各种文化的传承包括民族的各种不同风俗习惯、活动形式，并且具体表现在人们的生产、生活活动，还有诸多与此密切关系的行为模式中。在各族文化发展史中，民族文化习俗传承千年而不发生变化，这种文化与每一个人的日常生活都息息相关，通过在相同文化心理上形成的生活方式具有稳固性、民族性、地域性。

2. 节庆活动举办

节庆是一种约定成俗、世代相传的文化活动，其在固定的时间、固定的区域范围之内,围绕特定的节日主题开展各种文化活动。节庆是一个民族特有的一种传统庆典活动,是民族长期以来形成的民族传统文化内容的活的缩影。

人类的节庆习俗大致可以分为以下几种类型,即原始崇拜、宗教祭祖、农事集贸、情爱交游、娱乐狂欢。节庆活动把一个民族的具有民族特色的传统文化通过一种形象、直观、一目了然的方式表现出来,在参与节庆习俗的过程中,完成了上一代对下一代的文化传承。

节庆活动作为寓意深刻的独特的民族文化表达方式,在文化的传承方式中起着重要的作用,是民族文化传承的重要方式。

3. 民俗风情传播

社会民俗的范围非常广,一般来说,家族、亲族、村落、人生诸仪式、岁时习俗等都可以被纳入社会民俗的范围,这其中包含着社会和民族文化。

从某种程度上来讲,文化在更多时候表现出一种精神,这种文化精神需要借助一定的外在形式表现出来,社会民俗就是一种非常重要的文化表现的寄托体。社会民俗多与节日庆典结合在一起,以身体活动的形式或者仪式传达该文化的深层的精神意义,同时,凭借节日庆典对民族生活产生持久影响,伴随着民族的发展而持续发挥作用,并得到传承。

在共同的节日习俗中,人们通过共同的庆祝仪式潜移默化地强化着本民族的共同价值标准,各种民俗风情,反映了民族认可的道德观、价值观、审美倾向,作为民族文化的一个重要组成部分,民族体育文化在节日文化活动中进行普及性的横向传播和民族心理的纵向传承。

4. 社会媒体传承

在传统武术的社会传承中,媒体等在社会传承中起着重要作用,如一些电视台和网络组织的武林比赛、武术在线教学等,是当前传统武术社会传承的主要形式。

在良好的社会文化氛围中,可通过发行相应的出版物,举办相应的多种形式的文化社会宣传活动来进行文化传播,通过各种媒介的宣传提高文化的普及程度,扩大文化的受众面,发现更多的专有文化传承人,丰富文化传承的方法。

媒体等在社会教育传承中起着重要作用,如一些电视台的电视节目和网络组织的文化体验类活动、在线教学等,便是文化社会教育传承很好的体现。

在这里需要特别提出的是,武术在现代社会依靠大众媒体传播,指一些专业化群体凭借一定的机构和技术,通过相关的技术手段把武术活动信息制成可大量复制的符号结构物,向不同社会大众群体传播。随着现代科技的发展,网络技术日益发达,新媒体不断出现,新媒体在某一特定的时间、某一特定的区域内信息的传播效率更高,信息以最快的速度、最大的规模,以全方位、立体式的方式传播出去,传播效果强势和震撼,为包括武术文化在内的各种文化传播带来了便利。

当前信息时代,在全社会营造良好武术文化环境,加快武术文化的网络传播,应确保网络武术文化传播信息的准确性、科学性,做好武术文化网络宣传与传播管理和监督工作。

第二节　武术文化传承与和谐社会构建

一、和谐社会概述

(一)和谐社会的本质

和谐社会是一个理想的人类社会,是一种社会各种因素都保持和谐统一关系的社会。包括人与人、自然、社会之间的和谐统一;生产力与生产关系的和谐统一;经济基础和上层建筑之间的和谐统一,是一种全方位的和谐统一社会。

和谐社会是人们对构建美好社会的愿望,对和谐社会的追求是人们与生俱来的天性使然。我国古代就存在和谐社会这一思想,"世界大同",就是古人对和谐社会构建的美好畅想。

古代我国人们所提倡的和谐社会更多地表现在社会伦理道德方面,如孔子所提倡的复"周礼"就是对社会规范和礼仪的一种提倡,渴望建立一个安定有序的社会。在不同的历史时期,人们所渴望建立的社会秩序表现出不同的标准,但无论哪个时期,对社会安定、经济繁荣、百姓安居乐业的需求都是一致的。

现代社会所强调的和谐社会,在党的十六届四中全会中被首次提出,和谐社会建设的提出能够满足广大人民群众对建设理想社会的需求,而且与我国国情是相适应的。现代和谐社会的构建要求满足以下基本要求。

(1)民主法治。实现民主的根本保障是依法治国,民主与法制是相互统一、相辅相成的关系。

(2)公平正义。公平正义是社会主义的一个重要核心价值。和谐社会人人建设,和谐社会建设成果人人共享。

(3)诚信友爱。倡导社会全体成员发展诚实守信、互帮互助、平等友爱以及和谐相处的人际关系。

(4)安定有序。社会各方面能够遵循一定的章法,社会各方面的政治、法律、经济、制度、体制、机制以及秩序和规范等都是比较合理与完善的。

(5)充满活力。激发所有生产要素的活力,发掘所有能够创造社会财富的源泉,形成活力充沛的社会环境。

(二)和谐社会的维度

1.人与自然的和谐

人与自然的和谐统一思想在我国自古有之,虽然受到认知影响,但是我国古人对人与人、人与自然的和谐共处的理想生存状态有非常深刻的认识。古人对和谐社会的认识具体体现在哲学、政治以及伦理等方面。在和谐社会的构建过程中,人与自然的和谐是重要的物质基础,人与人和谐应建立在人与自然和谐的基础之上。

人与自然的和谐要求如下。

(1)尊重自然,保证人与自然要和谐相处,不仅要对人类的利益加以维护,更要对自然的平衡进行维护。

(2)共同促进生物与非生物的进步,过去的发展要连接现在与未来,要协调好时间与空间的关系。

(3)使社会与生态系统发展不断协调。

2. 人与人的和谐

人具有社会属性,人是社会的基本构成单位,和谐社会构建的前提与基础就是实现人与人之间的和谐。

从政治伦理的角度来看,人与人的和谐是社会中每个人在不存在根本利益冲突的前提下平等地享有权利,履行对等的义务,人与人之间保持相互依赖与促进的互动关系。

在和谐社会中,每一个人都能得到自由的发展,并且这种自由的发展不会影响到其他人的自由发展,具体来说,就是每个人所追求的利益都不会威胁到他人,实现个人的幸福离不开他人的幸福,人人都可以全面、有利于他人地自由发展。

3. 人与社会的和谐

人与社会的和谐,具体表现在社会分工方面,社会公正与公平的分配是社会和谐的直接表现。

社会分工和谐表现在多个方面,重点解析以下几方面。

(1)社会不同阶层的比例和谐,同时,各阶层的人保持公平的社会地位。

(2)社会不同行业的群体的比例合理,最大程度上实现社会效益,保持持续增长的社会效率等。

(3)社会为个人发展提供公平、全面发展的机遇与平台。人们在和谐社会中生活,要认真履行服务于社会的职责,人人都应该以自身的条件和能力为基本依据,为自己的工作与理想而不断努力,将必需的服务提供给社会。社会以个人提供服务的质量为依据,将合理公平的报酬给予每个服务于社会的人。

(4)社会结构和社会关系应促进人的全面发展。和谐社会构建的前提与根本动力是人的全面发展,和谐社会构建的重要支撑点是人的全面发展。社会进步能够通过人的全面发展集中反映出来,社会进步能通过人的发展来衡量。人的和谐的实现离不开其多方面的需要(政治、经济、文化等)和全面发展,社会发展中产生一些不和谐问题的重要原因,都是人的发展不够全面和完善。只有人的身体、思想、道德、教育水平、社会认知水平、社会关系处理能力、社会心理健康水平等不断提高,才能促进整个社会的健康与和谐。

4. 我国与世界的和谐

人类这一整体是不可以被分割的,当前,经济全球化更是促进了各个国家与民族之间的紧密联系,这种联系日益广泛、深刻与全面。每个国家都共同有一个职责和义务,就是促进与维护人类的生存与发展。

中华民族要加强与世界其他国家与民族的融合与交流,共同为营造和谐的世界和谐氛围而努力,促进民族与世界的和谐发展。这是我国构建和谐社会的重要延伸与拓展。

二、武术文化传承对和谐社会的发展促进

(一)武术文化的社会文化价值

从文化起源的角度来看,任何具有特定的运转模式和结构的

社会文化价值都不可能在纯自然状态下产生。简单举例来说,动物既不可能产生绘画、音律等艺术形式,也不可能通过文字系统的发明来建构文学,这充分说明了社会文化植根于社会存在之中。

根据辩证唯物主义的观点来看,社会文化与社会构成和社会形态具有相符性,具体来说,就是存在什么样的社会,就会有与之相适应的社会文化,社会文化不仅能够反映出社会存在,而且社会文化能够直接塑造社会意识,同时反作用于社会存在。

综上所述,社会文化具有适应社会、反映社会、影响社会的重要社会价值。作为民族体育的基本组成部分,武术文化归属于人类身体文化的范畴。身体文化是人类进化史中的一个核心问题,其关注人本身的问题,所有的身体文明的演进和身体文化都与人类社会文化系统有着非常紧密的联系,人类文明体系中武术文化对整个社会的发展有着重要影响作用与价值。

武术文化价值必须具备以下几种价值类型(表4-1)。

表4-1 武术文化价值类型

价值类型	价值特征
民俗价值	民族性、宗教性、地域性
历史价值	人物性、事件性、时代性
社会价值	精神象征、情感认同、规范教育
科学价值	技术性、合理性、知识性
艺术价值	原生性、活态性、完整性、独立性
经济价值	可拓性、协调性、可持续性

武术文化的社会价值具体表现在,自古至今,人们通过武术文化传授和武术活动参与来传承人类的智慧结晶,发展到今天,学校教育和社会教育也成为武术文化传承的重要渠道。人们的人生价值、审美情趣、行为准则、道德观念通过武术文化的丰富多样的内容表现、形式表现和具有广泛群众基础的文化亲和力传达给受众,通过认识武术文化,能体会到武术文化的精神品格和文

化魅力。

(二)武术文化传承对社会教育的完善

中国传统文化很早就提出了"修身、齐家、治国、平天下"的文化发展主张,尊师重教、发展教育一直是我国古代教育的重要思想,并影响至今。

教育是提高和发展国民素质的有效途径,在传统教育中,"礼、乐、射、御、书、数"中,"射"与"御"的古老体育活动所占比重极大,同时又由于技击、格斗类的军事体育活动也大都作为军营中练兵项目开展。因此,武术在古代军事训练和个体身体教育中有着不容忽视的作用。

在现代社会,武术是学校体育重要的教学内容,武术所具有的多元健身、养生、德育、智育、美育等教育价值得到了进一步的发挥,对于提高现代人的综合体育素养、文化素养,为社会发展培养全面发展的高素质人才具有重要作用,是对社会教育体系的丰富与完善,也为社会建设提供了合格的接班人。

(三)武术文化传承对社会主义精神文明的丰富

长期以来,武术文化在丰富人们的物质文化生活的同时,也给人们带来了更多的精神上的丰富,在对人的文化素质和品德素质提高方面产生了积极的影响。

武术文化是我国各民族体育精神文明建设的重要组成部分。它既可以强身健体,同时也具有强大的社会功能和教育功能,是对现代人的素质进行塑造的有效途径,在社会精神文明建设方面,武术文化所蕴含的哲学思想、道德规范、长幼有序、诚信友爱、"老吾老以及人之老,幼吾幼以及人之幼"等社会伦理观念等,都对当下的和谐社会关系建设具有重要的促进作用,能对现代精神文明建设提供有效支持。

需要特别指出的是,在武术文化传承过程中应做到"取其精华,去其糟粕",进行科学的有选择的文化传承,这主要是因为,我国武术文化是在我国特有的历史传统和文化背景下产生和发展起来的,这就使得武术文化在流传和继承等过程中,受历史局限性的影响,其中难免会存在诸多的陋习,如封闭、保守和落后性,浓厚的封建迷信色彩,为我独尊、相互排斥等。

第三节 全球化背景下武术文化发展机遇

一、武术文化全球化发展

(一)文化全球化

全球化,指某一现象在全世界范围内广泛出现和发展,"全球化"一词的提出是在20世纪末,如今,"全球化"一词广为人知,具体来说,全球化所涉及的范围主要有政治、经济、文化等方方面面。

文化全球化是指全球范围内的各个国家、地区、民族之间的文化交流与影响的开放性。在全球化进程下,全球时空缩小,信息传播便利,各地文化交流更加频繁,开放性的全球文化环境中,多元文化并存,并相互影响。

(二)武术文化的国际化发展趋势

在全球化境遇下,武术文化的传承不能仅囿于国内,必须走出国门,扩大传统武术文化的影响力,提高传统武术文化的国际地位,在传承的基础上促进武术文化发展。

目前,我国非常注重将民族文化推广到世界,希望以此成为世界了解中国的一个文化窗口。武术作为中华文化的代表,自然成为在国际中传播最广、影响力最大的文化名片。以致越来越多的国外武术爱好者被传统武术所吸引,甚至来到我国拜师学艺。

在学习期间,他们不仅学会了武术的运动形式,更对中国的传统文化有了较为深刻的理解。武术文化在国际交往中也发挥着其特殊的功能,为中华民族与世界其他民族之间的相互沟通做出了莫大贡献。

全球化为各国的体育文化提供了相互传播与融合的发展机遇,我国应该抓住这一机遇来传播武术文化,具体要以中国特色社会主义文化为标准,以中国民族传统文化为主体来不断整合与革新武术文化,从而满足武术文化国际化传播与世界化发展的需求。

武术文化是打开世界文化交流的窗口,民族的就是世界的,武术文化不仅是中华民族优秀文化,更是世界优秀文化,它属于全世界,应该被更多的人了解,也具有广泛的文化吸引力,具有被全世界人民了解、学习、传承的可能性。

2017年9月28日,第14次国际武联代表大会通过了在2018年启动首届"世界武术日"(World Wushu-Kungfu Day)的决议,旨在号召世界各地人们走近武术、了解武术、爱上武术,把武术精神与理念融入日常生活,共享武术魅力。2018年8月11日我国各地为庆祝首个"世界武术日"举办了丰富多彩、形式多样的武术文化活动,世界范围内武术的影响进一步扩大。

二、全球化背景下武术文化发展战略

(一)重视改革,输出为次,融入为上

成功的体育文化国际传播,是体育文化对国际体育文化大环境的适应,我国武术文化的国际化和全球化传播也应遵循这样的规律。

文化全球化发展背景下,东西方体育文化激烈碰撞,为了提高我国体育文化的竞争力,争取在全球体坛掌握话语权,我们需要突破顽固的守旧模式,尝试对体育文化的传播方式、传播内容

等进行创新,并在创新的过程中去其糟粕。

我国武术内容丰富多彩,拳种风格多样,能够使不同受众的需求得到满足,但是繁杂的武术内容体系也增加了武术传播的难度,一些武术拳种动作复杂,招式要求严苛,习武者在习练过程中感觉很吃力,并需要长期坚持数年甚至更久才能见效,这就增加了文化传播过程中引起关注的难度。

就我国国内武术文化的普及和传播经验来看,24式简化太极拳就是对武术技术进行简化的一个典型。在全世界范围内,要进一步传播我国武术文化,可以充分借鉴国内太极拳简化创编的成功经验,对复杂的武术技法、套路进行简化创编,然后再推广,使更多国外武术爱好者能够切身参与武术,体会到武术运动的魅力。

(二)加强宣传,以点带面,全面开花

2000年联合国开发计划署发表的《人文发展报告》指出:"必须扶持本土文化和民族文化,让他们与外国文化并驾齐驱。"可见,"多元文化、文化多样"成为国际共识。[①] 武术文化的国际传播不可能做到全部武术文化内容的一次性全面铺展性宣传,这是不现实的,对此,应找到武术文化传播的一个代表"点",以某个武术拳种、武术文化作品为敲门砖,打开武术文化全球化传播的大门。

在武术全球化发展进程中,必须正视的一个问题是,当前,世界范围内,我国武术虽然走出了国门,但没有形成一个好的文化品牌,无法充分满足当前全世界范围内对武术文化和相关产品的需求。

现阶段,要进一步在全球范围内,提高武术文化的国际地位和影响力,可以充分借鉴"孔子学院"国际化推广的成功经验,在全世界范围内设立传统武术教育机构,使更多的人关注、了解、传

[①] 邓正龙,王国亮.中国武术国际传播的批判性解读与应对策略研究[J].大众体育,2017(12).

承武术。例如,在华人聚集地,开办武术专修学院的模式,培养更多的传统武术专业人才,实现"以点带面"的传播效果。① 通过主动创办武术教育、交流机构,提供武术教育、交流平台,让更多人认识、认知、认同我国传统武术文化,以形成"广覆盖、规模化"的文化认同。②

(三)原生态化,丰富内涵,保护精品

文化的保护要坚持原生性,原汁原味,使文化在其发展过程中保持其最本真的传承。文化的发展一般会产生两种结果,一种是一直保持其原本的文化特性,并没有因为历史的变迁和社会的发展而改变,称之为"原生态"文化。一些在原来的基础上衍生或创造了新兴的文化,离开了原有文化的生存、发展的文化环境,便不再是原有的文化了,而是成了另外一种文化,成为"次生态"文化,如现代趋向于高、难、美、新的竞技化方向发展的"新兴武术",武术文化的全球化传播与传承,新兴武术是敲门砖,是传承的铺垫,真正要推广和传承的是原生态的武术文化,传统武术文化的传承与非物质文化遗产的保护,必须保留其"原生态"性。对武术文化的传承,就是要对其文化的合理内容与形式进行继承,这是文化属性的根本所在,要强调保持传统武术的"原生态"性。

全球化背景下,各个国家、地区、民族的不同文化相互影响,相互融合,当前,西方文化的痕迹(西式快餐、美式电影等)在我国随处可见。随着西方文化的融入,我们的民族价值观和思维方式正在发生变化,倘若民族价值观发生了很大程度的改变,那么中华民族的文化也就被颠覆了。在传统武术的国际化传播过程中,不仅要传播武术技术文化,还要在世界上推广武术深层文化,在传播武术技术的过程中将更多的中国传统文化的价值观展示给世界各国,要在武术文化传播与传承过程中不断提高文化意识,

---

① 吴永存,张振东.全球化场域下我国少数民族传统武术文化的传承与发展[J].北京体育大学学报,2016,1(39).
② 李龙.论中国传统武术的当代发展路径[J].体育与科学,2012(1).

大力促进武术"文""武"的结合,使我国传统文化在国际多元文化中始终保持文化优势。

全球范围内,诸多民族共存,创造出丰富多彩、种类多样的优秀文化。传统武术文化和非物质文化遗产之所以要被重点保护和传承,正是在于其对于整个人类文化所具有的重要历史意义。在现代社会,在以往特定时期产生的武术文化面临着严重的生存与发展危机,因此,要重点保护。

(四)整合媒体,依托赛事,创建品牌

在武术的国际化传播过程中,要重视借助各种各样的传播媒介来加强武术文化宣传。此外,为了更好地在全球范围内传播武术文化,必须有创新意识,应以现代化的视角来对传统武术的内容形式、传播方法与手段等进行创新,其中一个重要手段就是革新武术的传播手段与方法,充分运用传媒资源,有助于进一步提高传播效果。借鉴我国国内武术宣传的媒体应用的成功案例,如河南卫视的《武林风》、河北卫视的《英雄榜》、中央电视台的《康龙武林大会》等电视节目,都把武术类电视综艺节目推向了一个新的高度。我国武术爱好者通过观看节目,对武术的认识有了更加具体、直观、形象、生动的认识,且泰国、美国、日本等国家的众多武者也参与了节目,促进了中国武术和其他外来武技的交流与融合。此外,在信息时代,应加强武术国际门户网站的建立,通过互联网,传播我国武术文化。

从近年来我国的武术文化传播经验来看,武术赛事是我国武术文化传承的重要和有效途径,我国传统武术于1991年的亚运会首次被列为国际比赛项目,其所蕴含的运动价值也得到了亚洲各国的广泛认同。而随着在亚洲各国不断开展武术套路的比赛,传统武术的国际影响力也得以不断提升。武术套路成为亚运会的固定比赛项目,不仅是对传统武术的一种推广形式,同时也是对我国传统文化的大力宣传。目前来看,我国传统武术文化不断获得世界人民的广泛认同,不仅冲出了亚洲,而且逐渐走向世界,

并争取努力成为奥运会正式比赛项目,届时将真正促进中华武术文化的世界化广泛传播。

当前,我国武术虽然跨出了国门,走向世界,全世界范围内,习武者和武术爱好者数以亿计,但是,我国武术没有一个具有世界知名度的文化品牌,国外对我国武术文化的认知也多停留在"中国功夫""少林武术""太极拳"等字词层面,并没有具象化的文化品牌能有效、简要、准确阐述我国武术文化内涵,对此,可借助我国武术代表项目的知名度,塑造具有广泛影响力的武术文化品牌,如进一步打造武术影视文化、武术竞赛文化、武术表演文化等,使国际社会对我国武术文化的了解更加具体化、形象化。

第五章　武术文化传承的利好环境与策略

当前社会我国重视武术文化传承,在保护武术文化和促进武术文化传承方面做了许多工作,尤其是在我国不断强调建立文化自信、实现中华民族伟大复兴的现阶段,武术文化传承得到了最坚实的政策支持,拥有比以往任何一个时期都要好的文化发展环境。武术文化发展与传承迎来了最好的发展时期。本章主要就我国武术文化的传承环境进行分析,并就当前我国武术文化传承与非物质文化遗产的保护问题和进展现状进行深入解析,探讨武术文化的教育传承具体操作化与可行性措施,以在当前良好社会文化环境下,促进我国武术文化的可持续发展与有序传承。

第一节　武术文化传承环境分析

一、武术文化传承的国内环境

(一)传承单位

传承单位,是传统武术文化传承的群体集合,是具有传统武术文化传承义务的组织机构。一个成熟的"传承单位"应满足以下条件。

(1)以弘扬和保护传统武术为主开展传统武术文化活动。
(2)具有若干名传统武术传承者和传统武术文化研究学者。
(3)具备一些传统武术的原始资料和实物。

(4)具有一定的社会影响力。

就我国而言,我国的非物质文化遗产保护与传承机构主要分为四个等级,从低级到高级形成了金字塔的形状,武术文化传承方面,传承管理的机构设三级机制,国家、省、市。具体的文化传承职责如下。

(1)国家级:国家委员会负责全国范围内传统武术文化生态保护区的评定。

(2)省级:省级委员会负责本省所在范围内的传统武术项目传承人、传承单位的评定。

(3)市级:市级委员会则负责当地传统武术项目的搜集,对其入选资格进行认定,并开展相应的保护工作。

武术文化保护和传承管理系统中,各级之间是业务关系,并没有行政隶属关系,这就使得武术文化传承管理各项工作(如武术文化的搜集、挖掘、整理和评选武术之乡等)的开展更加灵活。

(二)传承基地

所谓传承基地,指传统文化的传承场所。

在我国古代社会,武术文化传承的主要基地是家庭、武馆,近现代以来,武术文化传承的主要基地是学校。学校是最简单、最易见效的传统武术传承基地,是现阶段对传统武术进行传承环境保护的一种重要方式。

通过一些省市的非物质文化遗产的保护试点总结经验可知,可以利用传承单位为核心,适当外延,如某学校的武术系是传承单位,可以申报此学校为传承基地。这是一种对传统武术文化的弘扬和传承的有效方法。

近年来,为了更好地传承武术文化,我国先后进行了多种武术文化传承尝试,如建立非物质文化遗产的保护试点,以传承单位为核心,结合学校实际传承武术文化。

(三)文化空间

所谓"文化空间",又称"文化场所"(Culture Place),指人类口头和非物质文化遗产代表作的形态和样式。"文化空间"是文化的重要形式和保护对象,文化的文化空间的传承与保护是文化传承的重要基础。

武术文化作为我国传统优秀民族文化,是一种特殊的文化形态,传承千年至今,对武术文化这一文化形态的形成、发展的文化空间进行保护具有重要意义。只有传承和保护了武术文化存在的文化空间,武术文化才会得以保留,并不断取得发展。

文化学视角下,武术文化空间具有空间和时间双文化维度特性。武术文化的时间文化属性表现在,武术文化活动场域的历时性和历史流变;武术文化空间属性表现在武术文化认同和交流较为集中的一个空间维度,两种文化维度属性相互作用,共同促进传统武术文化的繁衍、传承。[①]

我国武术文化发展历程中,形成了多个种类不同形态的文化空间,有许多有价值的文化空间需要保护。如少林寺就是一个别具特色的"文化空间",对其进行保护是传承少林武术文化的重要基础。再如少数民族武术文化,对武术文化所存在的少数民族节庆日及其活动进行保护也是传承武术文化的重要基础。

(四)文化生态环境

文化生态环境,是指一种文化的存在所涉及的各种人、物、自然和社会环境。武术文化生态环境是指在武术文化传承与发展过程中的传承人、文化传承载体、武术文化产生的自然生产生活环境、武术文化存续与传承的社会环境。

武术文化的传承,要重视对与武术文化密切相关的人、物、环境的综合保护,我国武术文化具有明显的地域色彩和特征,受各个地方的民族的风土人情、民俗文化、生活习惯、特定的地理环境等的综合影响,各地的武术文化内容、形式、风格、特征各不相同,对武术文化生存与发展的环境进行保护,才能确保"有文化可传

[①] 常伯深.文化学视域下传统武术文化空间的审视[J].中华武术(研究),2017(11).

承"。

保护武术文化生态环境,最有效的策略是建立武术文化保护区,对一个地区的整体武术文化生态环境和社会环境进行综合性保护。

在这里,对武术文化保护区、武术文化传承单位、武术之乡三者的区别分析如表 5-1、表 5-2 所示。

表 5-1 武术文化生态保护区与传承单位的差异分析

差异性	武术文化生态保护区	传承单位
灵活性	灵活性较差,受到很多因素的束缚,相当于传统武术的故乡,固定在某一地点不变	相当于传统武术的家,家可以在故乡也可以在异乡
原生态性	更具原生态,具有更加原生态的武术文化生存的乡土环境	可能在武术文化传承发展中发生变异

表 5-2 武术文化生态保护区与武术之乡的差异分析

差异性	武术文化生态保护区	武术之乡
成立目的	保护区域内的武术文化	对传统武术传承环境进行保护
评选标准方面	评选标准划分不严格	评选要具备很多严格的条件,比如乡土性、历史性和技艺性等
保护措施方面	必须严格执行相关的保护措施	具体的保护措施却没有严格的要求
发展方向	保护武术文化的原始生存环境,促进传统武术文化的原生态、可持续发展	常以举办武术竞赛宣传武术,会导致武术的竞技化,对武术文化生态可能造成破坏

二、武术文化传承的国际环境

(一)多元文化并存

20 世纪 90 年代以后,人类社会正式跨入全球化时代。在新技术革命的支持下,信息化时代正式到来,人们进入了全球网络化时代,经济全球化的形成进一步促使世界政治、文化的发展也进入多极化发展时代。

从文化传播的角度来看,全球信息传播技术发达,信息传播打破了时间和空间的局限性,普通民众能从多个渠道获知当时世界任何一个角落所发生的新闻。全世界范围内,使得各个国家、地区不同文化背景的人之间的交流日益增多,这些人员的流动也意味着文化的流动。

从经济发展的角度来看,全球经济交易商品具有不同的文化属性,不同的社会化产品(或说商品)承载着不同的文化含义,不同文化载体在全球范围内的流通促进了各国家、地区不同文化价值、文化观念、文化心理的流通,通过这些商品可以了解一个国家或地区的文化,也可以影响使用它的人的思想观念、价值取向。

全球经济化与信息技术发展相互促进,将全世界各地的政治、经济、文化等紧密联系在一起,文化发展的民族、空间界限被打破,全球文化呈现出多元发展的态势。

全球范围内联系的密切性,使得一种文化可以在短时间内传播到其他地区和国家,不同的文化可以在同一个时期内传到各种信息平台,人们同时接受各种文化,并受到各种文化的直接或间接的影响。而人作为文化的传承、发展载体,也会促进其所代表的文化发生相应的变化,各个文化之间相互交流、相互影响,取长补短,促进多元文化的融合。

(二)西方竞技体育对武术文化的冲击

东西方文化产生的自然与社会环境不同,在不同的地域、环境教育、统治制度等多方面因素的影响下产生的文化,具有明显的差别。这是东西方文化产生冲突的根源。

就我国武术文化的产生环境分析来看,我国是相对安定的内陆国家,自给自足的农耕生活是主要生活方式。我国特有的地理和社会环境产生了我国独具特色的文化和思维方式。我国是典型的小农经济生产方式,生产资料来源稳定,因此人民安土重迁、追求安定,弱化了人们的冒险意识,使得人们不想参与到太多争斗中,中庸思想对我国古人的社会生产生活等具有重要影响。也正因如此,与西方竞技体育相比,我国武术虽有技击对抗内容和形式,但是对抗的凶暴和冒险的攻击特点大幅度降低,其更加讲究不争强好胜、不锋芒毕露。我国传统武术对习武之人的情操和态度两方面提出了很高的要求。

近代以来,西方国家对我国进行各种文化输出,对我国武术文化的固有思想观念,如"中庸""不争""止戈""韬光养晦""天人合一"等产生了重要冲击,"竞争""求胜""挑战自我极限""挑战自然"等西方思想对我国民众产生了重要影响。同时,为了促进我国体育与世界体育发展的接轨,我国开始对传统体育进行竞技化改革,在武术发展方面,传统武术正在被现代竞技体育逐渐异化。从现阶段武术赛会进行分析,武术体操化、单一化、标准化程度日益严重,对高、难、新、美的要求越来越高,武术比赛评判标准开始变成动作新奇程度、跳的高度、转的速度、落的稳定性等,武术动作规格评判开始出现,武术动作加法开始不断增加,传统武术的风格劲道以及技击身法正在消失,西方拳击规则对我国传统武术的影响越来越大。

目前,世界体育以西方竞技体育为主导,随着西方竞技体育普及范围不断扩大,西方文化不断渗透,竞技体育剧烈冲击和异化的情况下,传统武术涉及的形式和思想正在不断流失,最终出现了传统武术群众基础不断弱化、本质内容不断失真的问题。

(三)武术文化与西方竞技体育文化的融合发展

当今世界,多元文化并存,百花齐放,世界各个国家和民族的文化的发展正处在文化自觉、多元涌动与文化复古的浪潮之中。

我国民族文化丰富、传统体育文化多样,如寒食蹴鞠、放风筝、荡秋千,元宵节舞龙、端午节赛龙舟,重阳登高,以及丰富多彩的少数民族体育文化,都是世界优秀体育文化的重要组成部分。

随着我国的发展以及与世界发展的接轨,我国政治、经济、文化都越来越多地参与到世界政治、经济、文化中去。我国民族体育文化也与西方竞技体育文化不断融合,探索共同发展之路。现阶段,我国武术文化越来越多地参与到以奥林匹克文化为代表的西方竞技体育文化中,被越来越多的国外体育学者、体育爱好者所接受、喜爱、学习、推广。

现阶段,武术散打在世界体坛的影响越来越大,中华民族的体育文化代表武术成为奥运会表演项目,相信经过努力终会成为奥运会正式比赛项目,这就是我国民族体育与西方竞技文化的融合,是东方文明与西方文明的融合。

第二节　武术文化传承与非物质文化遗产保护

一、非物质文化遗产概述

(一)非物质文化

非物质文化,首先是一种文化,特指精神文化,是人类在社会历史实践过程中所创造的各种精神内容,具有艺术价值和历史价值。

与其他文化相比,非物质文化最大的特点是"具有非物质形态",依赖人的学习和传授进行传承,主要指技艺、思想内涵,如刺绣、烧瓷、武术。

(二)非物质文化遗产

文化遗产,是指人们所承袭的前人创造的文化或文化的产物,是人类所创造的所有文化中的精品文化。

关于非物质文化遗产的概念,国际上和国内权威性阐述具体如下。

联合国教科文组织的相关文件和国务院下发的《关于加强文化遗产保护工作的通知》认为,文化遗产包括有形的物质文化遗产和无形的非物质文化遗产,其中,"非物质文化遗产是指各种以非物质形态存在的与群众生活密切相关、世代相承的传统文化表现形式"。

我国2011年6月1日颁布实施的《中华人民共和国非物质文化遗产法》指出,非物质文化遗产是"各族人民世代相传并视为其文化遗产组成部分的各种传统文化表现形式以及与传统文化表现形式相关的实物和场所"。

二、武术文化与非物质文化遗产的关系

中国武术是我国重要的非物质文化遗产。中国武术文化与非物质文化遗产二者之间具有一定的内容交叉,二者都是我国优秀传统文化的重要组成部分。简单来说,中国武术是我国的非物质文化,但在我国和国际非物质文化遗产名录中,只有部分武术项目被列入。

三、武术文化遗产的保护与发展策略

(一)明确武术文化遗产属性

武术文化是我国优秀文化,是我国民族体育文化的典型代表,应该受到重点保护与传承,但是受各种因素的影响,当前,我们只能对其中有限的一部分内容(项目)进行保护与传承,在人力、物力、财力有限投入的条件下,首先被保护和传承的必然是具有权威性的文化遗产认定的那一部分内容。

现在社会发展日新月异,社会发展速度快,武术文化的以往的生存环境每天都在发生新的变化,因此,武术文化保护与传承

是非常紧迫的,要想实现更多的武术文化被优先保护与传承,就必须明确我国武术文化遗产性质定位,做好以下工作。

(1)深化发展武术文化内涵,确保作为非物质文化遗产的武术文化与《保护非物质文化遗产公约》的相关条约、精神相符。

(2)明确武术文化多元价值。在武术文化的发掘与发展过程中,应与时代的发展与人们的需求相适应,将武术的健身、修身价值、民族精神和社会主义精神文明建设价值充分继承和发扬,融入现代人日常生活中。

(3)明确武术文化重要地位。武术文化是我国优秀传统武术的重要组成部分,应充分明确这一点,建立文化自信。

(二)重点保护濒危项目内容

当前,我国武术文化传承面临的一个重要的现实问题是,我国很多武术文化项目因为其传承者的病危和环境变化已经成为了濒危遗产,却没有被选入非物质文化遗产名录。很多武术文化没有被选入名录,在保护工作上自然就不会优先考虑。当然这并不能说明其就不需要重视和保护,而很有可能是濒危项目,针对这种情况,相关部门应该认真研究其发展现状,了解这些武术文化的传承情况,重点保护濒危武术文化项目。

(三)重视武术文化的物质传承

重视传统武术文化传承的"物质化"是可行的,是必要的。具体分析如下。

首先,物质文化遗产与非物质文化遗产是一个事物的两个方面,并非完全对立。例如传统武术中器械、服饰、道具、拳谱、剑谱等属于物质文化遗产,那么武术的技艺、使用方法就是非物质文化遗产。因此,要对武术的物质和非物质文化内容都进行传承。

其次,非物质文化传承在依靠口传心授的过程中可能发生各种文化内容理解的差异变化,此外,文化传承人的患病和离世也可能导致一部分文化就此失传,对此,应采用现代先进的科技手段将武术文化"物化",如通过录音、录像制作音像制品,通过多媒体、网络进行传统武术的技艺再现等,把文化变成可听、可视的生动形象的内容展示出来,以便于更好地传播、传承。

(四)重视传承人的保护与培养

非物质文化遗产,必须要有人来传承技术体系和传统文化的延续发展。如果没有主体"人"的传承,技术体系与传统文化将得不到延传,"传承人"是传统武术"技术体系"的核心载体。[①] 因此,必须重视武术文化的传承人的保护与培养。

第三节 武术文化的教育传承

一、武术文化的教育意义与属性

(一)武术文化的教育意义

从文化的角度来讲,中国武术文化具有重要的教育意义,作为武术文化重要的传承基地——学校,开展武术教育是我国武术文化传承与发展的一个重要和有效途径。国家应提倡和重视学校武术教育,以文化的视角来审视与制订武术政策,确立武术在学校教育中独立于体育的文化地位。[②]

武术文化的教育意义体现在多个方面,武术能促进人与人之间的和谐发展。武术对人的教育,不仅能使参与者得到身体的锻炼,还能培养人的谦虚礼让、中庸含蓄的道德观念。因此,无论是从健身、健心,还是社会适应方面,武术都能促进个体的全面健康

[①] 梁佳佳.基于"非遗"传承机制——诠释传统武术发展之路[J].中华武术,2018(9).

[②] 何艳强.武术教育中武术文化传承的研究[D].河南大学,2013.

发展。

对于学生来讲,加强武术教育的宣传可以使越来越多的学生重视我国传统武术的学习和锻炼,自觉地形成热爱民族文化、尚武崇德、习武健身的风气和习惯。在此基础上,使传统武术运动不仅成为学生增强体质的手段,更成为一种重要的育人手段。

(二)武术文化的教育属性

武术文化教育的实施,包括了施教者和受教者,通过施教者对武术文化传播、输出,满足受教者的发展需求,就是实现了武术文化的教育价值,要想充分实现武术文化的教育价值,就必须满足受教者的需要,充分展现武术文化的教育属性。就学校武术教育而言,实现武术文化的教育价值的根本方法就是充分发挥武术文化的教育属性。武术文化的教育包括三方面内容,即技击教育属性、文化教育属性和体育教育属性(图 5-1)。

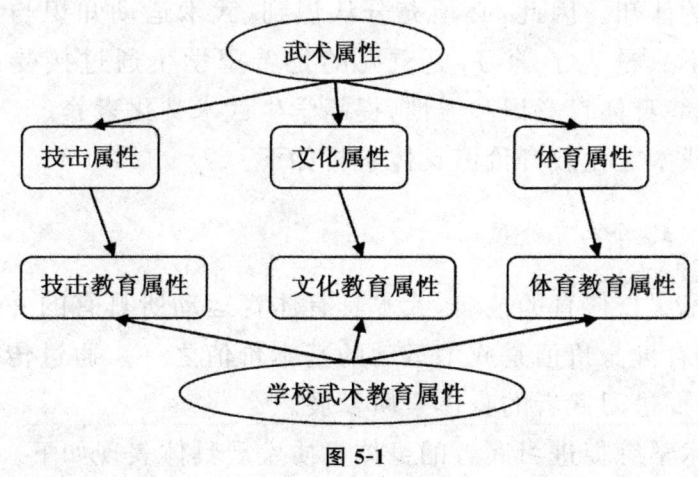

图 5-1

武术技击教育属性——技击性是传统武术的根本属性,传统武术的技击是一种以"两两相当"为特征的个体性技艺较量,必须在武德和武礼的制约下进行。

武术文化教育属性——武术具有深厚的文化底蕴,传统武术与哲学、医学、美学、宗教、艺术等具有密切的关系,武术发展与其他文化因素相互影响、共同发展,学校武术教育也因此区别于以其他体育项目的教育。

武术体育教育属性——武术教育属于学校体育教育范畴,它是以武术为内容,通过身体运动对人进行全面的教育。

二、武术文化的教育价值

武术文化具有丰富的教育价值。学校武术教育和传统武术教学,不仅能够促进学生身体正常发育,全面提高其身体素质,增强其体质。学生还能通过武术文化、基本功、技击原理、技法等的学习,培养学生坚强的意志品质,使学生形成自己的世界观、人生观以及价值观。传统武术具有丰富的文化内涵,是我国几千年文化和民族精神的结晶。通过传统武术教学,学生可以充分认识与了解我国传统文化,并养成良好的道德意识和提高对中华民族精神文明的认知。因此,必须充分认识到,武术运动知识与技术的学习并不只是为了学习,更重要的是希望学生通过接受武术教学,形成终身体育意识和习惯,提高学生武术文化素养。

对武术文化教育价值具体解析如下。

(一)武术体育价值

武术属于体育的范畴,武术具有体育运动所具有的一般运动价值,体育健身价值是武术运动的基本价值之一。通过传统武术学练,能促进习武者的身体素质发展。

武术学练促进习武者的身体素质发展具体表现如下。

首先,武术基本功与武术动作、武术套路学练能实现身体全方位的活动,对于身体各项素质的发展、生理机能的提高具有重要的促进作用。

其次,技击攻防是武术的本质特征,武术的两两对抗、多人对抗搏击等运动形式,对习武之人的身心统一提出了很高的要求。如果不具备良好的身体素质则不能在对抗搏击中轻松应对,因此长期习武可令运动者比一般人更矫健、灵活、勇猛,这些运动特质都是身体素质强健和提高的表现。

(二)武术健心价值

1. 完善人格

习武者身心统一的实质就是身心和谐地发展。和谐是武术的一个重要理论,这主要取决于中国传统文化对和谐价值观的重视,习武者不论是在外在的动作技术上,还是在内在的心态与精神上,都能够将"积极向上""刚健有为"的民族文化精神充分表现出来。武术习练能使习武者的身心和谐和激发习武者始终保持积极向上的心态。

首先,在中国传统文化中,精髓之一是和谐,最高价值原则也是和谐。和谐对中国传统文化的发展具有深远的影响。武术文化对和谐的重视,是对人与物和谐的一种追求,对人与自然、人与社会及人自身内外的和谐的一种追求。由于对人与社会和谐的重视与推崇,所以很早之前就提倡练习武术但不遇事动武。武术所倡导的是"止戈为武",这对于习武者的为人处事中待人友善、不争、崇礼具有重要影响。

其次,传统文化基本精神的多元化格局中,与人为善、中庸豁达,同时又做到刚健有为,这是我国古人认同的人格精神,武术习练可令习武者具有自强不息的精神以及宽广的胸襟。

2. 完善道德

武德是武术文化的重要内容,武德是练习武术者体现出来的道德,它具体包括习武者在社会活动中应该具备的道德品质、应该遵守的道德规范和行为准则。

在我国传统武术文化的长期发展过程中,道德修养贯穿于武术的形成和发展过程的始终,道德修养是一直备受重视与关注的,武术习练者与其他任何社会成员之间的和谐关系主要是依靠

"崇德扬善"这一道德观来调节的,以此来使习武者成为德艺双馨的武术传承者。练习武术者的个人修养、道德水平、精神境界以及武术礼仪等都深深地受到武德的影响。武术者在社会关系中的为人处事也受到个人武术道德观念的影响,通过武术学练,有助于个人思想道德的优化与提高。

3. 增强民族意识

武术文化是中华民族文化的瑰宝,是中华民族文化的精华,传统武术的重要价值与功能是增强民族认同感和凝聚力。武术动作技法的习练过程中会自然而然受到武术道德、武术观念、拳理哲学等的影响,这些东方文化内涵和精神,有利于人们强烈民族自豪感的产生,有利于民族向心力、凝聚力的增强。

以我国武术拳术为例,我国武术拳术内容体系丰富,各流派不乏名师出现,这些拳界宗师不仅重视自身的修养,还具有高尚的民族气节。

近年来,我国传统武术学习热潮的兴起使得各地习武活动活跃,不同地区的武术比赛中,参与者除具有强烈的竞争心外,民族集体荣誉感也会在参赛和观赛中油然而生。因此,传统武术运动的开展有利于民族之间的团结与协作,有利于习武者的民族意识的增强。

(三)武术美育价值

传统武术从东方美学文化中创造出来,传统武术的道德思想、一招一式、或动或静等,都表现了古人对美的理解和追求。

武术美学重点表现如下。

技击美——传统武术对手、眼、身、法、步等身体动作规范性具有很高的要求,并且要求习武者内部的精、神、气要与力、功相统一。通过武术动作的演练来将武者的精神、节奏与风格体现出来,积淀在技击中的人的智慧、才能、力量、品格等,给人一种特殊审美感受。

技理美——拳家将武术中的节奏形象总结描绘为:"动如涛,静如岳,起如猿,落如鹊,立如鸡,站如松,转如轮,折如弓,轻如云,重如铁。"在动静、起落、快慢、轻重、高低、刚柔的对立转化中都充分表现出武术的技法美。此外,武术技法拳理之美还表现在"虚实结合""动静相宜""进退有序"等诸多方面。

形神美——"神韵"是武术运动的一个重要特征。武术技法动作追求形神之美,传统武术中的一些动作是对自然景象或动物姿态的模拟,同时强调动作模仿的形似、神似,在动作模仿习练过程中,注重内外运动符合生命的自由和谐运动,实现自我形神的统一。

意境美——武术动作方面,意境美表现突出。单就武术动作命名来说,武术中的"羿射九日""仙人指路""走马卧槽"等拳名在表现武术的意境和情趣方面就很有特点。武术动作方面,武术套路演练过程中,各种动作流畅不断,动作与心理达到"情""境"交融,"情""技"交融,套路演练,不仅是动作模仿,还可表现出精神、斗志、气概,也是对武术意境的表现。

精神美——武术武德的美育价值。

武术文化美学内涵反映到现代学校武术教学中,对提高学生的审美、精神美、创造美的能力具有重要的促进作用。

武术具有重要的美育教育价值。通过武术教学,应提高学生的审美能力,包括对武术的动作美、身体形态美、精神美、同伴间的完美配合等的审美。通过武术教学,提高学生发现美的能力和审美的能力。武术武德教育是武术教学的重要组成部分,武术武德和各家各派的习武规范都体现了武术作为一项体育运动的精神内涵,如"三不传""五不传""十不传""五戒约""八戒约""十戒约"等,传统武术精神美综合体现在"仁、义、礼、信、勇"五个方面。传统武术教育中的师徒授教,师傅不仅要看徒弟的身体条件,还要观其人品,现代社会,武术教育不仅要提高学生的身体素质,更要重视对学生的精神教育,培养心理健康、人格完善的高素质人才。此外,在武术教学中,教师注意对学生武技术动作和动作组合的随机性与多样性的培养，可不断提高学生的创新能力。

（四）武术智育价值

武术智育价值表现在两个方面。

首先，武术运动是一种身体运动，运动过程中，身体的各项生理活动会变得十分活跃，这对于促进大脑的血氧供应具有重要作用，可为大脑工作提供更多的营养物质，由此可促进大脑的生长发育，进而可以改善与提高智力。

其次，武术动作学练、套路演练、对抗搏击中有许多技法技巧与哲学原理，这些都需要习武者在武术动作完成的过程中进行思考，如此才能体悟武术的技法理论和规律，这对于习武者的大脑思维能力的提高具有重要促进作用。

（五）武术德育价值

我国的传统美德是植根于古代"礼仪文化"而不断发展起来的，它所提倡的传统美德体现出儒家思想中核心伦理思想——"仁"。"德""艺"是中华民族传统美德的主要表现与反映。

武术文化根植于我国传统文化，并受传统社会伦理道德的重要影响，形成了自身比较完善的道德体系，即武德。关于武术的美德对习武者的影响在本书前文中已详细阐述多次，这里不再赘述。武术教育中，武德教育是非常重要的一个环节，是现代武术教学中必须引起教师重视的内容。

三、武术文化教育传承推进策略

（一）重视普及，重视武术文化传承人发掘

现阶段，推广、传承与发展我国武术文化，开展武术教育教学是一个非常重要和有效的途径，这是复兴我国武术文化的必然选

择。学校教育传承是武术文化传承的最主要的途径。这种传承方式能够在一定程度上扩大传承面。

在大力普及和推广武术文化的过程中,还要重视优秀的武术文化传承人的发掘和培养,通过将传统武术纳入学校教学体系,通过学校教育进一步普及与发展传统武术,吸引和影响更多的人(包括学生及其家长)传承武术文化,同时,也有利于发现和培养优秀的武术文化传承人。

(二)完善体系,构建武术文化教育大环境

武术文化教育的持续开展,需要教育系统和整个社会环境的支持。

就整个社会教育来说,首先,应充分利用多元化的现代媒体在全国乃至世界范围内大力宣传传统武术,让传统武术融入人们的生活中去。其次,完善社会教育系统的武术教育,在军队、公安、武警、保安等系统中加强传统武术训练,充分发挥传统武术的现代价值。

就我国整个学校教育系统来说,一方面,将传统武术纳入学校教育体系,在幼儿、小学、中学、大中专院校以及研究生教育阶段全面开展传统武术教育,让传统武术切实走进校园,成为学生的必修课程。另一方面,学校体育教育体系中,西方体育占据教学主导地位,以西方体育文化为主的学校体育教学发展模式等,造成了武术教学中文化教育性的缺失。对此,在学校体育教育中,应协调和平衡东西方体育教育的关系,适当增加包括武术在内的我国传统体育教育。

当前,我国正在由人口大国向人力资源强国转变,我们必须办"大教育",学校武术教学也应该树立大教育观念,营造良好的文化氛围,武术教育应深入到全社会的各个角落,惠及全体国民。[①]

---

① 孙珺璟.针对体育武术教学中文化教育性的缺失及重塑[J].当代体育科技,2017,7(35).

(三)发展理论,为武术教育提供理论支持

和传统武术悠久的发展历史相比,针对传统武术的理论研究十分有限。发展到近代,传统武术的理论研究成果也十分有限,主要有:

1. 形成了一个以阴阳五行学说为基本框架的古代武术理论体系。

2. 各家拳种已逐渐形成了很多趋于相近的从择徒到训练等方面的理论共识。

中华人民共和国成立后,我国传统武术的主要流传范围依然是在民间。所以,对于传统武术的研究多为武术的技巧方面,很少有传统武术理论方面的研究。而民间的大多数传统武术拳师知识文化水平都很有限,教学方法大都是前辈通过口传心授的方式流传下来的,一方面没有系统的理论指导,另一方面很难有创新,因此,会在发展过程中出现技法练习、拳种认知上的偏差,在一定程度上会制约传统武术的发展。

基于以上情况,我国必须重视对武术文化发展、武术教育发展的理论研究,探索现代化学校武术教育教学的可持续改革、发展道路,以为现代我国学校武术文化教育教学实践提供理论指导。

(四)简化套路,实施武术套路的国家标准

武术文化历史悠久,发展至今,武术已经形成了庞大的内容体系,武术技术复杂,套路繁杂,难以练习,因此在普及方面比较困难。因此,为了保证传统武术的大众化发展,应对传统武术的常见套路进行适当的简化(综合的简化,而非简单的删减),并制订国家标准,使其更适应体育教学实践的开展,便于在校园中推广。

简化传统武术套路,制订国家标准要求如下。

(1)保留武术风格,简化传统武术套路。

(2)保留套路中的代表性招式,增加传统武术的趣味性。

(3)保留拳种特性,根据不同社会需求进行相应改造。

(4)突出武术文化内涵,制订统一的国家标准。

(五)改革教学,推进武术教学形式多样化

将现代科技与武术教学相结合,降低授课难度,从文化美学和形体欣赏的角度出发,寓教于乐,通过轻松积极的教学氛围培养学生对于武术课程的认同感,真正发挥武术课程的内在文化精神价值。[①]

(六)优化师资,提高武术教师的综合素质

教育是培养人才的重要途径,学校是培养人才的摇篮,传统武术发展的后备军——未来的武术家也应通过教育的形式来培养。当前,学校教育需要高素质的师资队伍,因此,加强武术在学校的开展,提高各级各类学校武术师资的教学水平具有十分重要的现实意义。

当前,我国学校武术教学中,从事武术教学的体育教师多为其他学科的兼职教师,或者是一些武术专业毕业但教学经验不足的教师,或者一些教师有教学经验但武术技能掌握情况、运动训练指导能力还需进一步提高。师资力量是任何学科教学的基本保障。当前,师资力量不足是影响学校武术教学发展的一个重要因素。

教师在教学活动中处于主导地位,是武术教学活动的引导者、帮助者、组织者。在武术课程教学系统中,如果离开"教师"这个要素,则武术教学活动将无法组织与实施。教师结合自己的教学研究和教学经验,制订出具有宏观指导意义的教学课程标准,各校的教师再结合自身的教学情况和本校武术教学情况进行具体的武术教学内容、方法、模式等的设置。教师的武术教学素质

---

① 李智华.谈高校武术课程改革的文化路向[J].才智,2018(8).

的提高是非常重要的。

此外,还要不断提高武术教师的教学综合素质,提高教师的武术技能、武术知识、武术理论、武术训练等各方面素质和能力,促进教师的综合素质提高。优化师资,才能真正实现武术教学的进一步优化。

(七)传承武德,重视武术教学的武德教育

武术文化的教育传承过程中,不仅要对武术技能、史学知识、技法理论等进行学习、传播、传承,更要重视武术文化内涵的传承、武术精神的传承。

武德是武术文化传承的重要内容。在学校中大力开展传统武术的教学训练,重视传统武德教育,可以弘扬优秀的民族文化,培养出具有自强不息、坚强不屈的民族性格的优秀武术人才。

第六章 武术健身推广的意义性研究

武术运动长期以来是我国人民群众喜闻乐见的体育运动项目,在我国具有广泛的群众基础。当前我国提倡增强国民体质,建设体育强国、发展全民健身。武术运动以其独特的运动哲学、技法理论、健身功效备受重视,是现代大众体育健身事业发展中值得大力推广的健身运动项目,武术健身推广符合我国广大人民群众的健身理论认知和健身运动习惯,对于推动我国大众体育健身事业的发展具有重要的促进意义与作用。

第一节 武术健身推广与武术文化传承的目标统一

新时期我国社会各方面和以往相比发生了很大的变化,我国综合国力不断提高,在政治和经济发展良好的基础上,全面发展文化、提高国家文化软实力成为一个新的发展方向。武术是我国传统体育运动项目,也是我国优秀传统文化,在现阶段推广武术健身,既能提高国民健康水平,又能在全民武术健身活动过程中推广与普及武术文化,这对于我国传统武术文化的传承是非常重要的,是武术文化社会传承的一个重要途径,并能营造良好的社会武术文化氛围,增强大众的民族凝聚力,提高文化自信,扩大我国传统武术文化的广泛影响。因此说武术健身推广与武术文化传承二者的健民强国和民族复兴的最终发展目标是一致的。武术健身推广与武术文化传承二者相互依存、共同促进。

一、武术技术与武术文化的共同发展

从本质来看,"文化传承是对民族长期生存与发展的文化的再生产,是民族共同体的自我完善,是社会中权利和义务的传递,是民族意识的深层次积累,是纵向的'文化基因'复制"[①]。

在新时期,要大力推广武术技术动作、套路健身,加强武术文化宣传,促进武术技术和武术文化能够不断得以继承与传播,使武术文化在不同时代都有所发展,同时加强与其他文化的联系。不论是世代的纵向传播,还是同一时代拳种流派之间的横向传播,都能够使传统武术技术与文化得到良好的保存,这种武术文化保护就进一步为武术文化传承奠定了基础,同时也是对武术文化的一种传播、扩散,是为传承做铺垫。

二、武术内容的丰富和体系完善

武术的传承包括技术传承和文化传承两方面内容,对武术文化进行传承,有利于不同拳种与流派之间技术与文化交流的加强,从而促使新的拳种或流派在这种交流中得以产生。

以太极拳的发展为例,在太极拳的传承过程中,陈氏、杨氏、吴氏、孙氏、武氏等不同流派的太极拳逐渐出现;在南拳的传承过程中,蔡拳、李拳、佛拳逐渐形成蔡李佛拳等。总之,各种各样的流派和拳种武术在传承过程中逐渐形成,这是武术与社会发展的需要相适应的表现。

在武术文化传承过程中,通过对武术文化进行宣传推广,促进越来越多的人加入到武术健身行列,并促进一部分人对武术进行研究,如此才能促进武术内容的不断丰富,为武术发展提供必要的理论指导,奠定一定数量的武术文化传承人基础。

---

① 赵世林.论民族文化传承的本质.北京大学学报(哲学社会科学版),2002(3).

因此,不管是从武术内容继承与内容丰富,还是对武术理论研究发展促进、武术传承人的发现与培养方面,武术健身推广与武术文化传承二者都是相互融合在一起的,二者发展是一个相互依存和相互促进的过程。

三、促进民族传统文化的发展繁荣

传递和延续民族生命力是每一个民族的传统文化都共同具有的传承价值和功能,而对文化的传承,有利于组织、整合与完善社会结构。

民族文化是民族在长期发展过程中所形成的集体智慧结晶,每一个民族的成员都应该了解本民族的文化,并认可本民族的文化,同时,关注民族文化的传承与发展,这是每个人的责任和义务。

传统武术文化是我国优秀的民族文化,在中华民族的长期发展过程中发挥了重要的作用。鉴于武术文化对中华民族的民族凝聚力的提升,对于新时期促进中华儿女拼搏奋进、传承与发扬民族精神、实现民族伟大复兴具有重要的促进作用。传承武术文化有利于形成与发展民族共同体。具体分析如下。

首先,武术文化作为中华民族的重要和优秀传统文化,是中华儿女所共同认可的一种共同的民族文化。作为一种符号,能够被民族共同体识别出来,它同时也是一种精神维系,维系着民族共同体的存在和发展。只有通过传承民族文化,才能促进这一精神维系的发展,同时使民族共同体的延续得到保证。

其次,我们传承武术文化,不仅是对传统的武术技术动作的模仿、复制,还要对其不断丰富,更好地对武术文化所蕴含的精神文化内涵进行不断丰富,必须认识到,民族文化的深层次结构是构成文化的核心部分,民族的深层次心态结构与认同意识同这一核心紧密地联系着。只有通过从心理层面对民族文化进行传承,才能使民族的每一个成员在内心之中有意识地融进这些民族文化的核心要素,也才能促进各民族文化这一精神维系的稳定性与持久性,增强民族认同感和内聚力。

传统武术是中华民族文化的核心内容之一,是我国民族文化和世界文化的优秀成果,在任何一个时期,不断拓展与延续传统武术项目能够极大地促进中华民族文化事业的繁荣和社会的不断发展,也才能进一步丰富武术健身内容、丰富武术文化体系,使武术文化不断得到发展与传承。

第二节 武术健身推广的社会背景分析

一、全民健身社会背景

(一)全民健身计划的实施

全民健身是我国社会发展进入新时期后所提出的国家发展战略目标,全民健身的提出符合人民和社会发展需要。

《全民健身计划纲要》是我国全民健身计划实施的重要指导性文件,各时期的全民健身计划文件的出台,为我国全民健身计划的各项工作开展提供了政策指导。

1995年,我国颁布《全民健身计划纲要》,首次对全民健身活动的开展做出具体的指示,提出到20世纪末"建立社会化、科学化、产业化和法制化的全民健身体系框架"的目标。《全民健身计划纲要》是适用于我国大众体育管理的法规性文件。《全民健身计划纲要》中明确指出:"为了更广泛地开展群众性体育活动,增强人民体质,推动我国社会主义现代化建设事业发展,特制订本纲要。"该段描述,通过"群众性体育活动""人民体质""社会主义现代化建设事业"3个关键词阐明了"全民健身"的目的、内容和主体。

第六章 武术健身推广的意义性研究

2011年,我国颁布和实施《全民健身计划(2011—2015年)》,提出到2015年全面健身发展的具体目标:进一步增加体育人口;进一步提高居民体质;进一步完善体育健身设施;健全全民健身网络;发展全民健身指导和志愿服务队伍;壮大全民健身服务业等,这些目标在2015年已经实现。

2016年6月,国务院印发《全民健身计划(2016—2020年)》,为未来一段时期内我国大众体育的发展、倡导全民参与群众性体育活动、形成新时期的全民健身新时尚、建设健康中国等一系列大众体育活动内容做出了具体的部署。《全民健身计划(2016—2020)》明确指出,要"深化体育改革、发展群众体育、建设健康中国"。

"全民健身计划"系列文件的推出,对国家健身事业的发展和国家未来各方面的发展具有重要的促进意义。

武术的健身养生观、健身价值使其成为我国全民健身计划的重点推广项目。武术健身可强筋健骨、强壮体魄、调理经脉、气血,调节内环境平衡,武术在推进全民健身计划中的作用不言而喻。[①]

(二)"健康中国"战略推进

2016年8月19日至20日,全国卫生与健康大会在北京顺利召开,国家主席习近平出席会议并发表重要讲话,指出"人们常把健康比作1,事业、家庭、名誉、财富等就是1后面的0,人生圆满全系于1的稳固"。习近平主席强调"要把人民健康放在优先发展的战略地位",在新时期关注民生健康,首次正式提出"健康中国"。

2016年10月25日,中共中央、国务院印发《"健康中国2030"规划纲要》,对建设健康中国提出了发展目标和指导意见,要求把人民健康融入政府的各项政策之中,加强健康人力资源建

---

① 王亮.传统文化与现代健身需求对武术的发展及影响[J].当代体育科技,2016,6(27).

设,建设健康信息化服务体系,并要求各地基层政府贯彻落实各项群众性体育工作,促进健康中国的发展。《"健康中国2030"规划纲要》的颁布和实施,是新时期保障人民健康的重大举措,对当前全面建成小康社会、实现社会主义现代化具有积极意义。

《"健康中国2030"规划纲要》指出了"共建共享、全民健康"是其中的战略主题。

"共建共享"——健康中国建设需要人人参与、人人尽力、人人享有。

"全民健康"——健康中国建设,必须要立足全人群和全生命周期两个着力点,提高健康服务质量,实现更高水平的全民健康,促进全体人民的健康发展,在此基础上,重点解决特殊人群所面临的健康问题。

"健康中国"建设是全面的"大健康观",涉及人民健康生活的方方面面,包括运动健康、健康服务、健康医疗、健康产业、健康环境保护等多个方面。武术文化博大精深,武术文化所蕴含的中医健身养生观念、运动哲学思想、运动康复技法内容等,能为现代人的正确的健康观的建立、良好生活习惯、健康心态的养成等具有重要的指导和启发作用。

(三)新时期建立"文化自信"的需求

文化自信是一个民族、国家、政党对自身文化价值的充分肯定和积极践行,是对文化生命力持有的坚定信心。[①]

2014年2月24日,中央政治局第十三次集体学习中,习近平主席提出要"增强文化自信和价值观自信"。此后,习近平主席多次强调在新时期增强文化自觉和建立文化自信的重要意义。

2016年5月和6月,习近平主席先后两次重点提到建立"文化自信",指出"我们要坚定中国特色社会主义道路自信、理论自信、制度自信,说到底是要坚持文化自信";要"坚定中国特色社会

---

① 文化自信——习近平提出的时代课题[N].国务院法制办公室,2016-08-08.

主义道路自信、理论自信、制度自信、文化自信"。

传统文化是一个民族发展的不竭动力,只有立足于优秀传统文化之根,才能保证中华民族的持续健康发展。

武术文化是我国优秀民族文化的重要代表,在新时期,我国文化的持续发展、我国国家文化软实力的持续增强、我国要实现中华民族伟大复兴的"中国梦",都不能抛弃传统文化,而应该吸取传统文化中的精华,不断丰富中华民族文化体系内容与内涵,如此才能促进我国民族文化的发扬光大。武术文化传承是我国民族传统文化传承与发扬的重要内容之一。新时期的民族文化自信的建立,离不开对武术文化的关注与传承。

二、武术健身对全民健身的促进

(一)增加体育健身人口

武术运动在我国拥有最广泛的群众健身基础。武术健身推广能在社会大众间引起最广泛的响应,有助于进一步增加武术健身人数,进而增加我国体育人口。

经过调查发现,在我国大众健身中,就个人参与的大众健身内容而言,多倾向于有较强竞技性、娱乐性的项目,传统养生类的体育运动项目,调查结果中武术健身并不在大众个人健身所选择项目的前10名之中;就群体性的大众体育健身参与来看,调查发现,在所有大众健身项目中,集体性健身活动参与最多的体育项目分别为:健身健美操,占52.0%;武术,占44%;秧歌,占43.1%。武术健身在群体性健身活动选择中占有较大优势。

综上,现阶段,推广武术健身,扩大体育人口,可以以群体性健身活动的组织为切入点,重视武术健身的群体传播与参与,以此来吸引更多的人加入到武术健身中来。

(二)增强国民体质

现阶段,武术健身推广对于新时期落实全民健身计划,进一步推动社会群众事业的发展具有重要现实意义。

从运动健康促进价值来看,武术运动健身不仅能够陶冶情操提升自身气质,而且能够提高人体的协调能力,增强体质,促进人体的新陈代谢,减少疾病的发生。武术作为一种健康之术,其在推进"健康中国"的进程中对国民健康的促进价值日益显著,武术集文化、娱乐、修身、养性为一体,其在改善和提高国民健康方面的效果非常重要和突出。

从人类健康发展的角度来看,武术是一种贴近健康的生活方式,能够将中华民族"非医疗"的健康理念传递给社会大众,有助于社会大众形成更加丰富、科学的健康观,这种健康观带有典型的东方文化特色,还能为世界可持续发展提供新的健康发展观。[1]

(三)关爱老人,缓解老龄化社会矛盾

体育在促进人的全面发展中具有重要作用,广泛开展群众体育运动,对于人的全面发展具有重大的意义,对于社会的和谐发展也具有重要意义。发展体育健身事业是构建社会主义和谐社会的必然要求。

武术健身运动吸收了我国古代养生哲学思想,在动作技法上刚柔并济、动静结合,追求天人合一,是一项非常适合大众健身的运动项目。武术健身不同于竞技体育运动,其运动负荷、技术难度、套路健身等都更加灵活和自由,能结合运动健身者的个体需求进行调整。

当前,我国社会已经进入老龄化社会,预计到 2020 年,我国 60 岁以上的老年人将占总人口的 16%。我国老龄化速度迅猛,随之而带来的各种社会问题也亟需解决。在现代大众健身中,中老年人受到的健康威胁要更大一些,他们是大众健身的中坚力量,健身的热情和积极性更高。大众健身能大大增进老年人的健康素质,由此减少老年人疾病的发生率,减轻家庭负担、社会负担。

---

[1] 李彪.健康中国视阈下中华武术传统文化与时代价值[D].苏州大学硕士论文,2017.

目前我国的广大健身人群中,中老年人居多,占据我国体育人口的多数,而中老年人在健身运动项目选择方面,多倾向于选择民族传统体育运动,其中对武术运动内容的选择更是十分热衷,尤其喜欢参与武术气功养生类运动,通过参与这些健身运动,不仅有益中老年人的个人身心健康,对于整个社会来说,有助于缓解老龄化社会所带来的各种问题。

在这里必须要指出的是,武术运动男女老少皆宜,并非仅局限于中老年人。

第三节 大众武术健身与全民健身的有机融合

一、全民武术健身参与的策略引导

(一)简化武术套路,提高大众健身积极性

我国武术内容丰富,传统武术技术复杂,套路繁杂,难以练习,因此在普及方面比较困难。因此,为了保证武术的大众化发展,应对传统武术的常见套路进行适当的简化(综合的简化,而非简单的删减),制订国家标准,面向全体社会大众推广。

(二)增进拳种交流,提高武术项目知名度

加强武术的交流是促进武术文化发展的重要方法和途径之一,尤其是加强拳种间的交流尤为重要。传统武术的发展不是一两个拳种的发展,只有"百花齐放""百家争鸣",才能使传统武术得到全面的发展。

此外,武术拳种交流活动的广泛开展能扩大武术在大众中的宣传,创造良好的武术文化氛围,加强民间武术活动的举办。对此,政府应在传统武术活动开展方面给予大力支持与推广。这样

使更多的人关注到武术，尤其关注到一些日常不常见的武术拳种，这对于提高大众武术健身兴趣具有调动作用，可吸引相当一部分人主动关注、了解、学练武术。

现阶段，在全民健身中推广武术健身，应加强拳种间的交流。开展传统武术交流活动须做好以下几方面工作。

（三）挖掘武术娱乐属性，丰富大众休闲健身

娱乐性是武术运动的一个重要基本属性，武术的娱乐性使得武术极具观赏和娱乐价值，并得以在民间广泛流传并被发扬光大，民间各种喜庆集会活动中常有各种武术表演。具体来说，武术的娱乐性源于以下几个方面。

（1）武术是一种身体活动，具有人体运动审美价值，能满足人们的休闲娱乐需求。

（2）武术是一种武技，能表现人在攻防技击时的技巧和能力，具有竞技观赏价值。

（3）武术的形式、内容丰富多样，同时，武术的各种套路动作编创具有一定的哲学性、艺术性，能满足人们的不同欣赏需要。

在武术发展过程中，武术的军事训练性质逐渐弱化，娱乐性不断提高，尤其是表演武术在民间得到了广泛的发展，极大地丰富了百姓生活。

现代社会大众休闲娱乐内容丰富，在娱乐休闲活动选择方面具有诸多的选择权。而要想促进大众的武术参与，从诸多休闲娱乐活动中分流相当数量的一部分人，就必须不断挖掘武术的娱乐属性，举办丰富多样的武术表演、娱乐活动，以吸引更多的人能关注武术及其文化活动，进而参与到武术及其文化活动中来。

（四）全民节庆武术健身活动参与

武术文化的娱乐价值能很好地丰富人们的文化生活，武术在民间广为流传，武术表演更是已经形成了一种民俗时尚，武术节庆表演内容不断丰富，形成了丰富多彩的武术文化形态，是中国

民间文化生活的一部分,使人民群众的生产劳动之余,能得到精神的满足和享受,传统武术对丰富人民的文化生活具有非常重要的作用。

在武术文化的发展历程中,各种武术文化形态在人们的日常生活,尤其是节日和民俗活动中扮演着重要的角色,与人民群众的日常生活联系比较密切的代表性武术文化娱乐活动主要有以下几个。

1. 武舞

武舞是早期宗教祭祀的一种活动形式。在原始社会中,这种形式的活动一般用于军事训练或巫术活动,发挥着重要的娱乐作用。

早期的武舞与武术具有密切联系,武术先于舞蹈产生,由于舞蹈还尚未完全发展成为一种艺术性的表现手段,因此武术便拥有重要的地位。

随着阶级社会的形成,社会结构逐渐稳定,这时,统治者、贵族有了更多的娱乐时间,武舞在宫廷中出现并长期存在。两宋时期,宫廷开展的武术娱乐活动主要以"武舞"为主。武舞内容丰富、形式多样,表演时有音乐相伴,场面华美,充满了丰富的艺术性、观赏性和娱乐性,极大地丰富了上层社会的业余生活。

2. 角抵

角抵运动是我国早期武术的重要内容之一,在我国武术搏击历史的长期发展中占有非常重要的地位。

据史料记载,角抵运动形式产生于先秦时期,至汉武帝时期,社会经济繁荣,一度被废的角抵运动再次兴起,并融合了许多歌舞、戏曲、杂技和幻术等多种艺术元素,成为"角抵戏",兼具艺术性和观赏性。唐朝时期,角抵戏发展迅速,在民间广泛流行,几乎许多热闹的场合和仪式中都能够看到。当时宫廷还有专门管理角抵相扑的机构——左右军,专门为皇室成员表演角抵。宋元时期,角抵、相扑比赛表演较为成熟,表演时常有女子献技。元朝,角抵运动在民间街巷十分常见。整个封建社会,角抵文化在宫廷和民间都广泛流行,每逢传统佳节,都能看到精彩的角抵比赛,表现了广大人民群众对角抵运动的喜爱和角抵运动对人民业余生活的重要影响。

现代社会,角抵表演与武术操练相结合,发展成为对抗性的攻防表演,其出现的场合必有许多大众驻足观赏、喝彩。

3. 剑舞

剑是早期作战工具,后其军事功能被刀取代,剑转而常见于日常健身、娱乐表演。剑与武术相结合逐渐发展为剑舞表演,兼具观赏和实用价值。

剑舞早在三国时期就十分盛行,《鸿门宴》中项庄舞剑就表现了剑舞的观赏与娱乐价值,剑舞在唐代达到了非常高的水平,唐代的舞剑表演十分流行,而且极具艺术性。

现阶段,剑舞在社会大众体育生活中,更多的是以健身套路的形式出现,具有较高的娱乐性。

4. 狮舞

狮舞是习武者进行演练的重要内容,是习武者(舞狮人)相互之间武艺的较量,狮舞在古代是属于武术范畴。

发展到现在,狮舞在名称上被"舞狮"代替,更多的是在节庆日子和场合出现,其以武术技能为基础,以"舞"为外在表现形式,增添了喜庆气氛,是人民群众喜闻乐见的一项武术文化娱乐活动。

二、全民武术健身活动的科学开展

(一)开展原则

1. 社会化原则

社会化原则是指全民武术健身开展应动员和团结各部门、各行业、各社会团体力量,共同抓好全民健身工作,使全民武术健身活动进入家庭,进入每个人的日常生活。具体要求如下。

(1)全民健身管理者应提高对体育社会化的认识。

(2)体育系统要尊重其他各部门的意见,善于团结他们一起抓好全民健身工作,处理好相互之间的关系。

(3)改革体育体制,突破纵向,打开横向,调动各种社会力量的积极性,促进全民健身社会化。

2.多样性原则

全民武术健身活动开展的多样性原则,具体是指全民武术健身的开展,主要是为了照顾各类人群的需要、地域的差异、季节的变化,采取各种各样的活动内容、组织形式,为人民群众更好地从事健身活动提供选择,使得全民健身活动得以可持续发展。

3.可行性原则

全民武术健身活动开展的可行性原则具体是指全民武术健身活动的组织、内容、形式及开展全民武术健身活动的计划、方案、措施等,必须从实际出发,做到切实可行。具体要求如下。

(1)从我国经济实际出发,利用有限的人力、物力、财力多办事。

(2)从我国人民群众的实际健身需求、爱好出发,丰富武术健身内容。

(3)从我国各民族习惯出发,在地方开展特色武术健身活动。

(二)开展要求

1.科学制订健身计划

充分了解每一个武术健身参与者的运动需求,科学制订健身计划,鼓励运动者积极参与武术健身活动。

武术健身计划制订方面,详尽、具体是科学制订健身计划的基本要求。具体是指实施计划的每一个步骤、每一个过程,需要哪些资源、资源数量等细节都应该详细列出。以便于为每个武术健身者提供切实可行的体育健身行动依据,事半功倍地实现武术健身效果。

2.关注弱势群体健身

当前社会,全民健身是包括全体社会民众在内的健身工程。维持社会稳定、保持社会活力、建设社会主义精神文明、构建和谐社会,都充分表明了关注弱势群体健身与全面健康发展的重要性。

我国武术内容丰富、形式多样、种类繁多,对于各种弱势群体来说,均有可供选择的武术运动项目,如少年儿童可从事武术基本功、少年拳习练,女性可学习剑术,老年人可参与武术养生功法练习,病患者可练习武术简化套路并结合自身情况适当调整运动量和运动强度。

总之,在全民健身推广与发展过程中,弱势群体是社会发展的短板,但也必须认识到,弱势群体是社会建设的重要参与者,全社会关注弱势群体,对于弱势群体自身来说,有助于提高他们的身心健康水平,在"健康中国"战略实施中,有助于弱势群体共同享受社会发展成果;对于整个社会而言,关注弱势群体是构建和谐社会的应有之举,有助于实现社会的长治久安。

值得提出的是,弱势群体在参与武术运动健身时,一定要结合自身实际情况科学选择与参与武术运动健身内容,必要时应咨询专业人士(如武术教练员、医师)。

(三)开展方式

1.农村集体武术健身开展

传统武术运动在我国民间广泛流传,其历史悠久,拥有极高的传承性,至今在我国城乡社区中仍旧有着最广泛的群众基础。

在农村群众健身活动开展的过程中,应重视开发体育运动项目的健身性、娱乐性,不断激发人民群众参与武术健身锻炼的积极性,从而最终实现武术对广大人民群众健身健心的促进作用。

农村群众的武术健身活动开展,应重点抓好基层组织的管理工作,同时,充分发挥体育榜样的模范带头作用,通过本村、本地区有名望的武术健身爱好者和小有成就者的带领、指导,促进广大农村的武术健身活动的开展。

2. 城市社区武术健身开展

(1) 明确组织结构

合理的结构是保证系统和体系的功能正常发挥的重要基础,构建合理的框架结构是促进社区体育健康发展的关键。

结合我国基本国情,合理的社区体育组织框架的构建应明确以下两点。第一,政府在社区体育文化建设和体育活动开展过程中发挥宏观指导作用,不直接参与具体活动组织,主要提供大方向的领导、支持和管理。第二,具体的社区体育活动由各类体协承担,对社区体育文化及体育活动开展统一管理,并下设锻炼点、辅导站直接指导社区居民的日常体育健身活动开展。[1]

(2) 社区居委会的居民健身活动组织

居委会是社区基层管理组织,在引导和促进基层人民群众参与体育健身活动方面发挥着重要的引导和促进作用。

社区居委会应重视社区居民的武术健身参与宣传,重点做好以下工作。

①宣传党和国家的全民健身方针政策。

②宣传全民健身改革的新思路、新举措、新观点。

③宣传科学的武术健身知识和方法,转变陈旧落后的健身观念。

④宣传武术运动和养生哲学、武术健身观、武术所提倡的科

---

[1] 樊炳有. 社区体育论[M]. 北京:北京体育大学出版社,2003.

学健康文明的生活方式,转变不科学的生活方式。

⑤宣传参加武术健身活动的好处,动员全民参与武术健身。

总之,我国社区体育是社会大众体育发展的重中之重,社区体育是推动全民健身的前沿阵地。在全民健身中推广武术健身,离不开社区基层武术健身活动的推广与普及。

三、全民武术健身的持续推进与发展

(一)大力弘扬传统养生体育文化

我国人民群众自古重视养生,养生运动可有效预防疾病,缓解亚健康状态,因此,传统养生运动在现代社会,仍有较大的运动需求,有较大的发展空间。

"养生",也称"摄生",即"治未病"。旨在调养精神、增强体质、治疗疾病、保持健康、延年益寿。疾病的发生与否与人的健康状况有关,取决于人体"气"的盛衰。我国传统体育养生的锻炼内容丰富,各有侧重,但都是通过姿势的调整、呼吸的锻炼、心神的修养来达到活跃气血、疏通经络、协调脏腑等作用,以此来抵御外邪,祛病养身。

我国体育养生观认为,人要健康必须遵循宇宙万物运行规律,必须遵循人体自我发展规律,做到天地相应,天人合一,在体育运动参与方面,应认识到人的生命活动及其生理变化与大自然紧紧联系在一起,因此应善待自然,善于掌握自然的变化,顺应天地,如结合四季气候变化的特点选择适应的养生练习,如此才能更好地实现运动养生效果,才能更好地守神、调息、祛病、益寿延年。

我国武术体系中有许多项目内容属于养生运动,具有极好的养生效果,如武术气功中的太极拳、五禽戏、八段锦、易筋经等,这些运动项目都是我国传统体育养生的重要手段。

现代社会,竞争激烈,压力大,我国具有东方色彩的传统武术

养生健身方式重视修身、养性,具有重要的健身养心价值,必将在群众体育中得到进一步普及,对于促进国民整体健康发展是具有重要意义的。

(二)不断引导和完善武术健身消费

当前,我国大众的武术健身消费意识还没有完全形成,人民群众的武术健身多是自发性的,大众健身的范围主要是在公园、广场等,在武术健身动作和技法方面主要是靠自学,缺乏专业指导。

全民健身消费是市场经济条件下发展大众健身的重要和必要途径,武术健身纳入大众健身消费体系是大势所趋。市场经济条件下,大众体育消费观念发生了重要的变化,武术在反思和选择自身的发展路径上,应该将大众武术消费纳入考虑的视野。

对于大众武术消费组织机构(如培训机构、俱乐部)来说,科学推广武术健身消费,规范武术健身消费市场,为大众武术健身有偿指导提供优质服务,就必须重视对武术技术服务这一特殊商品进行科学营销与推广,必然要从消费者(大众武术健身参与者)的立场出发,挖掘消费者的潜在需求,找到消费者的"敏感点",形成武术身体消费的"身体消费模式",方能在市场经济中走得更远。[①]

现阶段,我国还没有形成一定规模的武术健身消费市场,随着我国大众健身的持续开展和对武术健身的持续推广,相信会有更多的人加入到有专业技术指导的武术健身消费中去。

(三)培养大众武术健身社会指导员

在全民健身计划推广过程中,社会体育指导员是重要的组织者、指导者、传播者,社会体育指导员作用发挥的好坏直接影响到我国群众体育发展的质量、深度和广度。因此,必须要建立并不

---

① 张国良,戴国斌."身体消费"视域下武术的挑战与反思[J].沈阳体育学院学报,2017,36(6).

断健全社会体育指导员队伍,提升指导员队伍的素质,并加强相关的体育指导培训,为群众体育健身参与配备相应的社区体育指导员,有助于大众体育健身活动的科学、有效、持续开展。

新时期,加强我国基层武术健身指导员队伍建设,具体应做好以下工作。

(1)规范社会体育指导员从业,建立体育指导员资格考核制度。实行高等体育院校学历文凭制度,体育指导员从业必须获得资格证书制度。高等院校主管部门应与社会体育指导员人事部门、劳动和社会保障部门协调配合,严格把控考核程序与标准。

(2)大力推进基层社会团体的建设,健全社会体育指导员作用的长效机制。重视对不同体育场所的开发,为社会体育指导员提供更多的工作载体和服务空间,如全民健身中心、青少年体育俱乐部、社区体育健身俱乐部等。

(3)规范职业社会体育指导员职业技能鉴定。严格考察社会体育指导员的职业技能,建立完善的职业社会体育指导员就业准入制度,并进一步强化社会体育指导员职业技能鉴定的管理工作,严格监督社会指导员职业技能鉴定。

(4)探索社会体育指导员的职业化道路。目前,我国采用"先培训,后上岗"的体育指导员就业政策,但并没有得到真正落实,因此,当前应积极开发社会体育指导员职业标准,把握社会体育指导员职业动态性和及时性;建立协会,规范行业体育协会管理。

(5)将社区社会体育指导员管理纳入社区体育工作评估,提高社区对社会体育指导员引进和工作管理的重视程度。

(四)培育和扶持基层群众健身团体

近年来,随着我国大众健身的广泛开展,我国以不同人群组织起来的"项目小群体"展现出旺盛的生命力,已成为全民健身活动的有效组织形式。它们不依靠或较少依靠政府资助,实现自我组织、自我管理,不仅满足了相当一部分人群参与体育的需求,而且活跃在广大社区,成为社会生活中一个较为活跃的音符。这些群众锻炼团队是全民健身活动社会自组织的最基本力量和基础平台,政府应在技术、政策、监管、培育等方面予以指导,努力推进群众锻炼团队健康发展。尤其是对于从事武术健身推广和组织的社会体育健身团体应重点扶持,以进一步推广群众性武术健身活动的开展。

(五)建立社区微型健身指导网络

当前信息社会,各种信息交流、传播速度快,伴随着社会化与信息数字化的到来,体育事业的蓬勃发展离不开先进的体育信息处理平台,互联网技术发展迅速,为进一步满足基层人民群众在参与武术健身方面的理论知识学习要求,基层社区组织或者社区体育模范可以组织建立和形成一定的网络(社区网、微信公众号)来满足人民群众日常生活中不断增强的武术健身需求。

各社区可结合自身情况建立社区体育管理网站,下面再设立各街道或社区的分网站。通过网络可以向社区居民提供一些有效的武术健身指导资料,积极地向人们开展宣传指导工作,增强居民的武术健身意识,指导社区居民科学参与武术健身,同时,注重双向沟通,如广大居民也可以在网站上提出自己的建议和意见,以更好地丰富和完善社区健身体系,为基层人民群众参与武术健身提供更好的信息指导与参考。

第七章 武术健身基础

武术健身内容丰富,武术基本功和基本动作及套路学练是参与武术健身的最主要的内容,通过武术基本功学练可以有效提高健身者的身体素质,武术基本动作的学练能为健身者了解武术技术并为难度武术技能的掌握奠定良好的动作基础。武术套路健身学练可以促进武术健身者的综合运动能力和运动审美能力的发展,并能为进一步的武术实战搏击与防身奠定动作定型与技巧方法基础。武术健身的内容是循序渐进的,技能功法学练中包含了丰富的武术哲学思想、艺术审美与道德文化,坚持长期学练可令武术运动健身在健身的基础上受到艺术、哲学、道德的熏陶。武术基础健身内容学练是健身者修身养性的过程,也是良好武术健身习惯养成的过程,科学的武术基础健身可令武术健身者身心受益、终身受益。

第一节 武术基本功与动作健身

一、武术基本功健身

(一)肩功

1. 压肩

开步站立,两手抓握前方肋木,上体前俯,下振压肩;或由同伴帮助振压下按肩部(图7-1)。

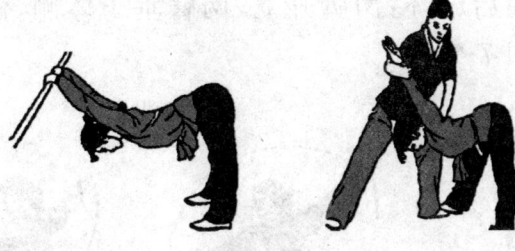

图 7-1

2. 转肩

两脚开立,两手体前分开握木棍两端,以肩关节为轴,两臂由体前经头顶绕至背后(图 7-2)。

图 7-2

3. 臂绕环

肩部绕环练习包括以下三种基本学练形式。

(1)单臂绕环:左弓步,左手按左大腿,右臂体侧绕环一周(图 7-3)。

图 7-3

(2)双臂前后绕环:两脚开立,两臂垂于体侧,依次同方向同时绕环一周(图7-4)。

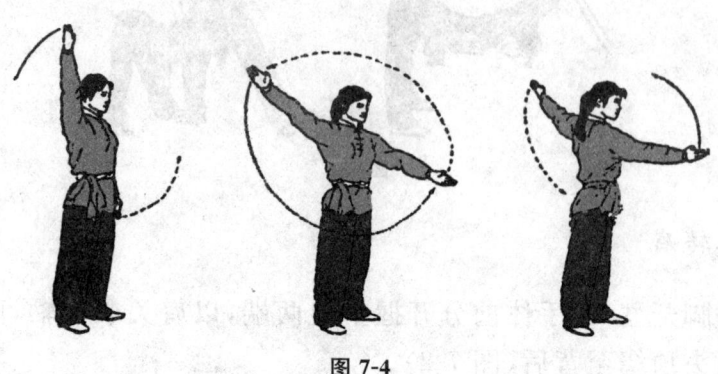

图 7-4

(3)双臂交叉绕环:两脚开立,两臂于身体两侧反方向划立圆绕环(图7-5)。

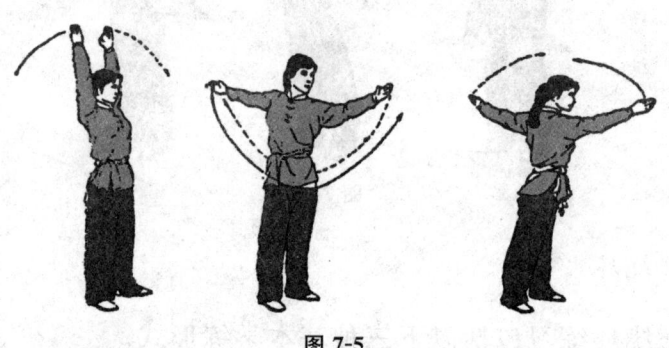

图 7-5

(二)腿功

1. 压腿

结合肋木,正对、背对或侧对肋木,一脚跟放于肋木上,另一腿支撑,身体屈向肋木,下振压腿(图7-6)。

2. 搬腿

一腿支撑,一腿上举,直膝,同侧手握举腿脚,异侧手抱支撑腿膝部或头上翻掌(图7-7)。

正压腿　　　　侧压腿　　　　后压腿

图 7-6

正搬腿　　　　侧搬腿

图 7-7

3. 踢腿

手扶肋木，一腿支撑，另一腿挺膝踢腿（图 7-8）。

前上踢　　　　侧上踢　　　　后上踢

图 7-8

（三）腰功

腰功练习旨在提高腰部运动的灵活性，主要有前俯腰、侧俯腰、后甩腰、后下腰等练习方法(图7-9)。

　　前俯腰:并步,直膝,上体前俯,挺膝,两掌心贴地。

　　侧俯腰:并步,直膝,上体侧俯,挺膝,两掌心贴地。

　　后甩腰:并步,直膝,以腰、髋关节为轴,上体前后屈,两臂随摆。

　　后下腰:并步直立,腰向后弯,抬头,挺腰上顶,两手撑地成桥形。

图7-9

(四)桩功

　　桩功是武术基本功中一种独特的健身方法,具有稳固下肢、畅活气血、壮内强外的健身功效。武术桩功常见健身练习方法如下。

1.马步桩

　　马步站立,屈膝半蹲,脚尖朝前,大腿与地面水平,两臂胸前平举,掌心向下,目视前方(图7-10)。

2.虚步桩

　　前后开立,屈膝半蹲,右脚外展45°,提左脚跟,脚尖虚点地,两手腰间抱拳,目视前方(图7-11)。

图 7-10　　　　　　　图 7-11

3. 浑元桩

(1)升降桩：开立，屈膝、屈肘，两手心向下，举于胸前，配合呼吸做升、降动作(图 7-12)。

图 7-12

(2)开合桩：开立，屈膝蹲，屈肘，两手心向内，指尖相对合抱，随呼吸做开合运动(图 7-13)。

图 7-13

二、武术基本动作健身

(一)手型手法

拳:四指并拢卷握,拇指紧扣食指第二指节处(图 7-14)。
掌:五指伸直(图 7-15)。
勾:又称"勾手",五指撮在一起,屈腕(图 7-16)。
爪:五指分开或并拢,指扣屈。

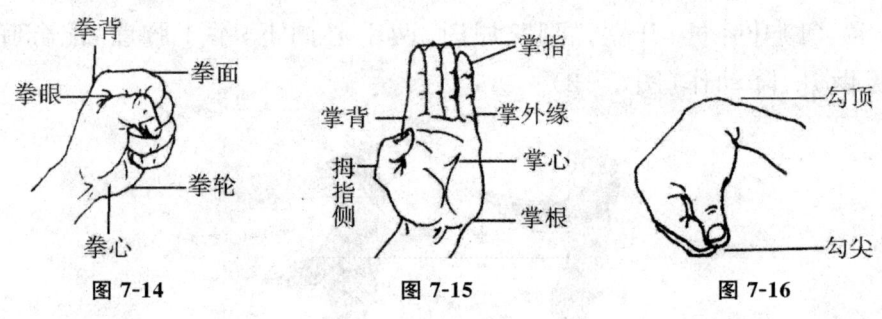

图 7-14　　　　　图 7-15　　　　　图 7-16

(二)步型步法

1. 弓步

并步直立,一脚前迈,屈膝半蹲,大腿接近水平,膝与脚尖垂直;另一腿挺膝伸直,脚尖内扣斜向前方,全脚着地。

2. 马步

并步直立,两腿开立,下蹲,脚尖向前,屈膝半蹲,大腿接近水平,膝不过脚尖,全脚着地。

3. 虚步

以左虚步为例,前后开立,右脚外展 45°,屈膝半蹲,左脚脚跟离地,脚面绷平,脚尖内扣虚点地,屈膝,重心落于后腿上。

4. 仆步

以左仆步为例，开立，右腿全蹲，臀部接近小腿，右脚着地，脚尖和膝外展，左腿挺直平仆，脚尖里扣，全脚着地。

5. 歇步

以左歇步为例，两脚交叉靠拢全蹲，左脚全脚着地，脚尖外展，右脚前脚掌着地，膝部贴近左腿外侧，臀部坐于右腿的近脚跟处。

（三）腿部动作

1. 踢腿

一腿直立支撑，另一腿踢腿；正踢腿时，脚尖勾起向额前猛踢；侧踢腿时，脚尖勾紧向耳侧踢起（图7-17）。

2. 外摆腿

以左腿外摆为例，右脚直立支撑，左脚尖勾紧，右上踢，经面前向左上外摆，直腿落在右脚旁（图7-18）。

图 7-17　　　　　　　图 7-18

3. 里合腿

以左腿里合腿为例，右腿直立支撑，左脚脚尖勾、里扣、左上踢,经面前向右上直腿里合、落右脚外侧(图7-19)。

图 7-19

4.侧踹腿

以左踹腿为例,双手叉腰;两腿左右交叉,右腿在前,屈膝;右腿伸直支撑,左腿屈膝提起,左脚尖内扣,脚跟用力向左上方踹出,高与肩平(图7-20)。

图 7-20

5.劈腿

(1)竖叉:两腿前后分开成直线(图7-21)。
(2)横叉:两腿左右分开成直线(图7-22)。

图 7-21

图 7-22

(四)平衡动作

1. 前提膝平衡

以左腿前提膝平衡为例,并步站立,左腿提起,右腿直立支撑;左腿体前屈膝高提近胸,小腿斜垂里扣,绷脚面(图7-23)。

2. 扣腿平衡

以左腿扣腿平衡为例,支撑腿屈膝半蹲;另一腿屈膝外展,踝关节紧扣于支撑腿的膝后腘窝处(图7-24)。

图 7-23

图 7-24

3. 燕式平衡

以左腿直立支撑为例,上体前俯略高于水平;右腿后举伸直,双臂侧平展(图7-25)。

4. 望月平衡

一腿直立支撑,上体前倾拧腰,挺胸,塌腰,转头回视;另一腿身后伸直举腿,脚底朝上(图7-26)。

5. 仰身平衡

一腿直立支撑,上体后仰接近水平;另一腿直上举,双臂侧平展(图7-27)。

图 7-25　　　　　　图 7-26

图 7-27

第二节　武术拳术套路健身

　　拳术是武术徒手技法的总称,武术拳种众多,在长期的发展过程中,受不同因素的影响形成了庞大的拳术内容体系与多种流派,运动风格和特点各不相同。虽然有诸多不同,但无论何种拳术的套路构成均包括了基本的武术手型、手法、步型、步法以及肢体的跳、腾、扑、挪、翻滚等,并与意识、呼吸相结合,健身锻炼要求手、眼、身、步协调配合,长期坚持练习可有效促进人体的有机体机能改善和身体素质的提高,并为进一步的武术器械运动健身学练奠定良好的基础。

　　这里以当下我国大众武术拳术健身中流行最广泛的长拳、少林拳为例,对长拳的套路健身内容与方法进行详细解析。

一、长拳

长拳作为我国传统武术众多门类中一个较大的类别,是我国武术运动的主要拳种之一,并非单一的一种拳术,属北派武术。

据史料研究考证,"长拳"一词最早在明朝戚继光《纪效新书·拳经捷要篇》中出现,文中记载"古今拳家,宋太祖有三十二势长拳"。"长拳"中的"长",是相对于短打中的"短"而言的,长拳是在与人的远距离对抗中逐渐形成的,经过长期不断发展,长拳体系日益丰富,并不断规范化。发展到现在,长拳是健身武术和竞技武术的重要内容。目前,武术自选长拳套路是全国性、洲际性和国际性武术比赛的主要内容。同时,长拳还是我国各级各类学校的重要教学内容,足见长拳在武术运动中的重要地位。

以基础长拳套路为例,其内容与习练方法具体如下。

(一)起势

1. 预备势(图 7-28)

两脚开立,两臂垂于体侧,五指并拢,平视前方。

2. 虚步亮掌(图 7-29)

左弓步,右掌划弧,收左臂;右腿微屈,左掌经胸前穿伸,右掌收至腰侧;左脚点地成左虚步。左手划弧成勾手,右手划弧头上亮掌。

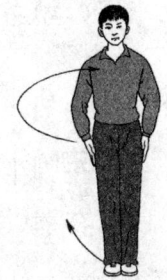

图 7-28

3. 并步对拳(图 7-30)

直右腿,提左腿;落左脚,左勾手变掌前伸;右臂外旋前落,两掌同高;右脚上步,两臂下垂后摆;并脚,两掌变拳下按。

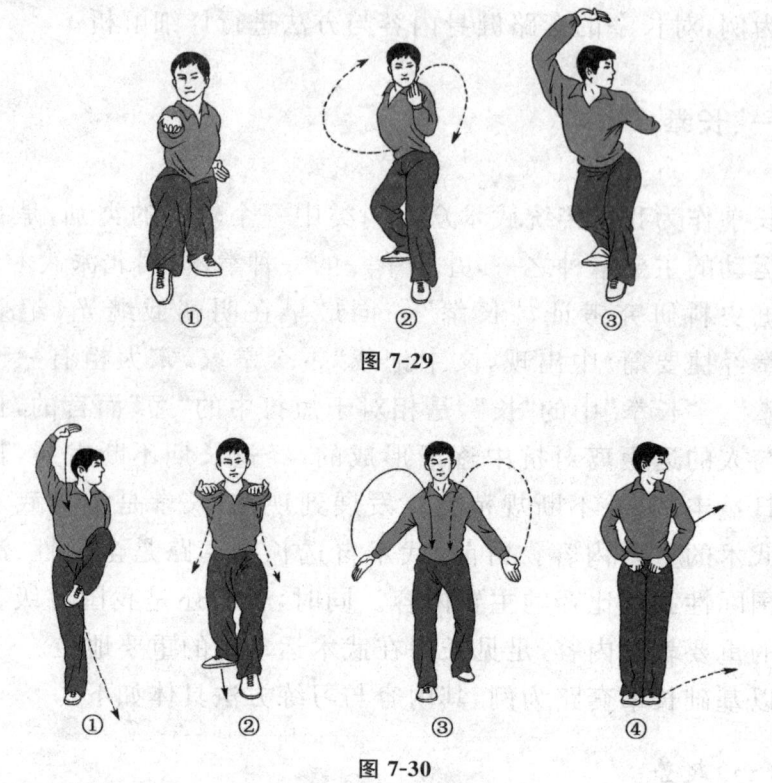

图 7-29

图 7-30

（二）第一段

1. 弓步冲拳

左脚半马步。出左拳，收右拳，成左弓步。收左拳，冲右拳，目视右拳（图 7-31）。

图 7-31

2.弹腿冲拳

左腿支撑,右腿前平提,收右拳,冲左拳,目视前方(图7-32)。

3.马步冲拳

右脚落步,左转体90°,收左拳,蹲成马步,冲右拳(图7-33)。

图7-32　　　　　　　　图7-33

4.弓步冲拳

右转体90°,半马步,右臂屈肘右格打,再蹬左腿成右弓步,收右拳,冲左拳(图7-34)。

①　　　　　　　　②

图7-34

5.弹腿冲拳

右腿支撑,左腿屈膝提起快速向前弹踢,收左拳,冲右拳(图7-35)。

图 7-35

6. 大跃步前穿

左脚落步,右掌后挂,左拳变掌;提右腿,跃成左仆步。右掌变拳置于腰间,左掌体前划弧成立掌(图 7-36)。

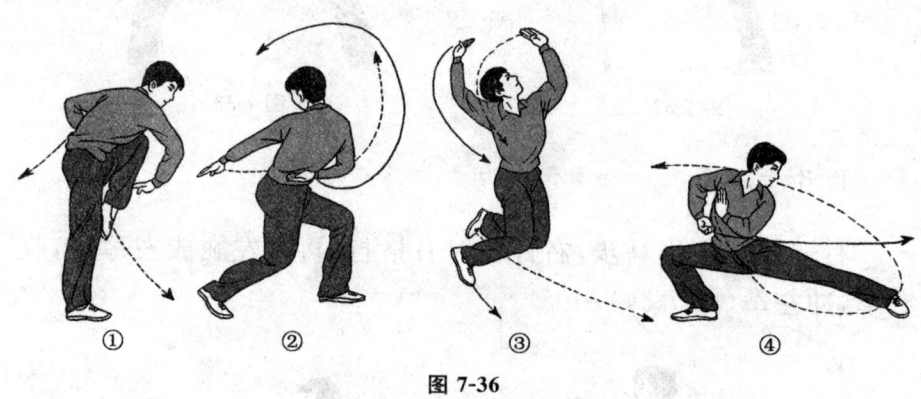

图 7-36

7. 弓步击掌

蹬成左弓步,左掌身后变勾手,左臂伸直,右拳变掌前推(图 7-37)。

图 7-37

8. 马步架掌

左脚里扣成马步,右转体。右臂左摆,左勾手变掌前穿,右手胸前立掌,左臂屈肘抖腕头上亮掌(图7-38)。

图 7-38

(三)第二段

1. 虚步栽拳

提右脚,直左腿,后转体180°,成左虚步,左臂外旋;左掌按左膝,右勾手变拳上举(图7-39)。

图 7-39

2. 提膝穿掌

直右腿。收右拳变掌至腰;左拳划弧头上举;蹬右腿,提左腿,右掌前穿;左掌右胸前立掌(图7-40)。

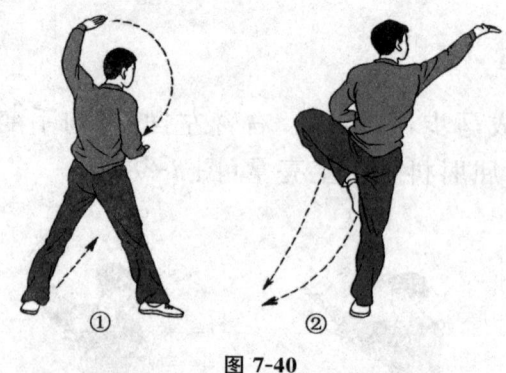

图 7-40

3. 仆步穿掌

蹲成左仆步,左掌右胸前下经左腿内向左穿出(图 7-41)。

图 7-41

4. 虚步挑掌

蹬右腿成左弓步。右掌下降,左掌前挑;成右虚步,左转体 180°,左掌划弧变立掌,右掌挑成立掌(图 7-42)。

图 7-42

5. 马步击掌

右脚踏实，左掌收、变拳；右掌俯掌外捋；左脚上步，后转体180°，成马步。左拳变立掌击出；右掌变拳收至腰侧（图7-43）。

图 7-43

6. 叉步双摆掌

重心右移，两掌右下摆，右脚后插步，两臂右—上—左摆，立掌（图7-44）。

图 7-44

7. 弓步击掌

左掌收至腰侧，右掌划弧；左腿后撤成右弓步，右掌摆成勾手，左掌变立掌前推（图7-45）。

8. 转身踢腿马步盘肘

左后转体180°，左转90°，两臂随转体划立圆，左臂胸前屈肘，右勾手变拳,蹲成马步(图 7-46)。

图 7-45

图 7-46

(四)第三段

1. 歇步抡砸拳

两臂胸前相对抡臂,右后转体 180°,蹲成歇步。左臂下砸,右臂上举(图 7-47)。

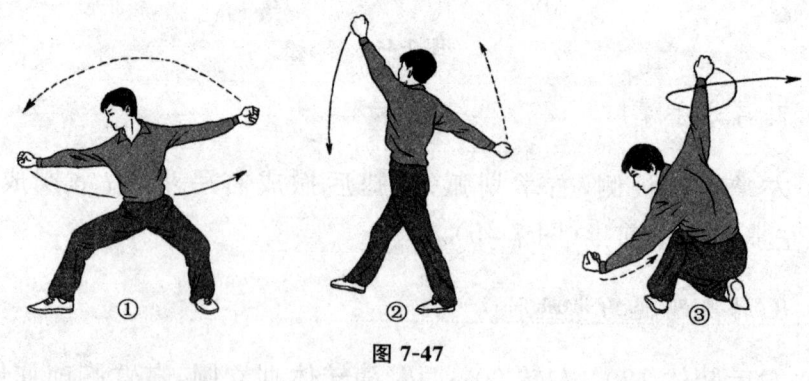

图 7-47

2. 仆步亮掌

左脚上步成右弓步,右转体。左拳收至腰侧,右拳右击变掌,右转体,左拳变掌前穿;右掌平收至左肘下;仆步,左掌划弧成勾手;右掌划弧亮掌(图7-48)。

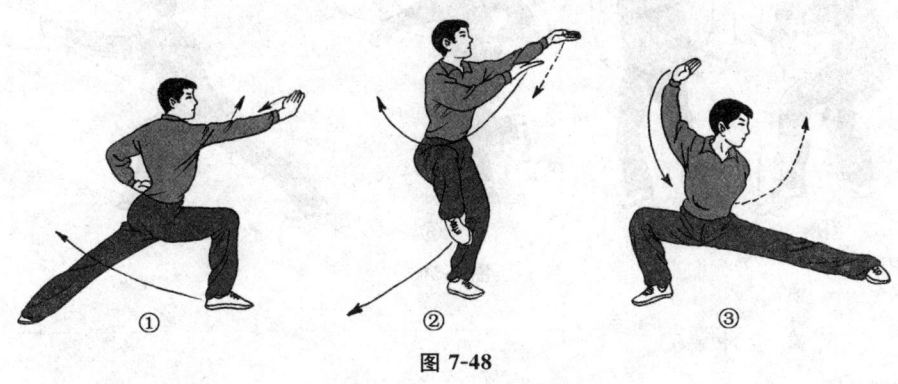

图 7-48

3. 弓步劈拳

右腿蹬起,左腿上步。右掌变拳收至腰侧,左手左掳掌;右腿上步成右弓步。左手平掳前摆,右掌后摆抡劈拳,左掌扶右前臂(图7-49)。

图 7-49

4. 换跳步弓步冲拳

右拳变掌划弧至右膝内侧;左掌靠右肘外侧;左转体。右掌挂至体左侧,左掌伸右腋下;右脚震跺,抬左脚。右手由左—上—前变拳收腰侧;左掌向下—上—前下按;右转体,成左弓步,冲右拳(图7-50)。

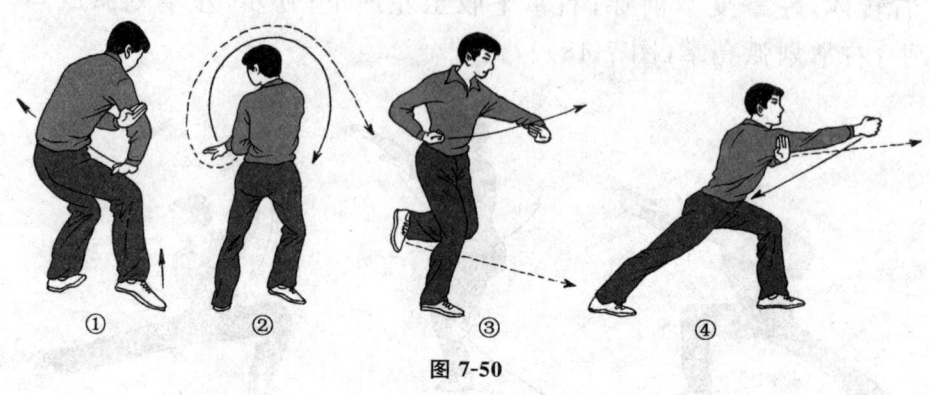

图 7-50

5. 马步冲拳

右转体90°成马步,收右拳,冲左掌(图7-51)。

6. 弓步下冲拳

右腿蹬,左腿屈成左弓步。左手架掌,右拳斜下冲(图7-52)。

图 7-51

图 7-52

7. 叉步亮掌侧踹腿

上体右转,右拳变掌,两手十字交叉;右脚后插步,左掌划弧成勾手;右掌划弧抖腕亮掌;左腿上蹬(图7-53)。

图 7-53

8. 虚步挑拳

左脚落地。右掌变拳后移，左勾手变拳上挑，上体左转 180°，左拳上挑，右拳划弧挂右膝外侧，提右膝成右虚步。收左拳，右拳屈臂挑出（图 7-54）。

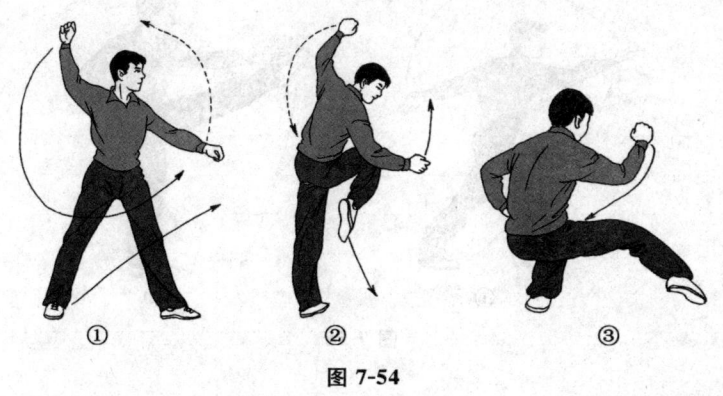

图 7-54

（五）第四段

1. 弓步顶肘

踏右脚，右划弧挂至右膝内侧；蹬左腿，抬右腿；左拳变掌，两臂前上划弧；左脚蹬地起跳，左脚前落步，两臂划弧停于右胸前，右拳变掌，左掌变拳；左弓步，右掌推左拳，顶左肘（图 7-55）。

图 7-55

2. 转身左拍脚

右后转体 180°，右臂划弧抡摆，左拳变掌上摆；踢左腿，左掌变拳收腰侧，右掌拍左脚面（图 7-56）。

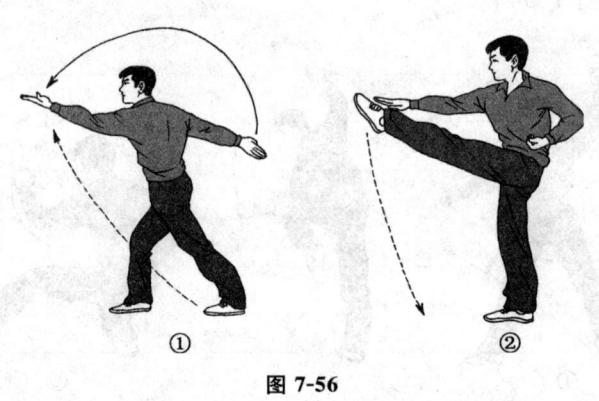

图 7-56

3. 右拍脚

左脚前落地。左拳变掌下后摆，右掌变拳收腰侧；右腿前踢，左拳变掌拍右脚面（图 7-57）。

4. 腾空飞脚

右脚落地，左脚上摆。右拳变掌摆起，左掌击右掌背，右手拍右脚面，左掌上举（图 7-58）。

第七章 武术健身基础

图 7-57

图 7-58

5. 歇步下冲拳

落地,左掌变拳收腰侧;右转体 90°,歇步。右掌变拳收腰侧;左拳前下冲(图 7-59)。

图 7-59

6. 仆步抡劈拳

右上左后下摆臂,左转体270°,左吸腿,两臂划立圆,后落左腿仆步,左拳后举,右拳前伸(图7-60)。

图 7-60

7. 提膝挑掌

起身成右弓步,两臂抡摆划立圆,提右膝吸腿,右掌上挑,左后反勾手(图7-61)。

图 7-61

8. 提膝劈掌弓步冲拳

躬身落手,右转体90°,右掌下劈,左拳抱腰;左腿蹬成右弓步,右手变拳收至腰侧,左冲拳(图7-62)。

图 7-62

（六）收势

1. 虚步亮掌

右脚后扣成左虚步，左臂成勾手；右臂划弧亮掌（图 7-63）。

图 7-63

2. 并步对拳

左腿后撤，两掌腰前穿出，右腿后撤，并脚。两臂划弧屈臂下按，两掌变拳（图 7-64）。

3. 还原

恢复成预备势，并步直立，两臂自然下垂（图 7-65）。

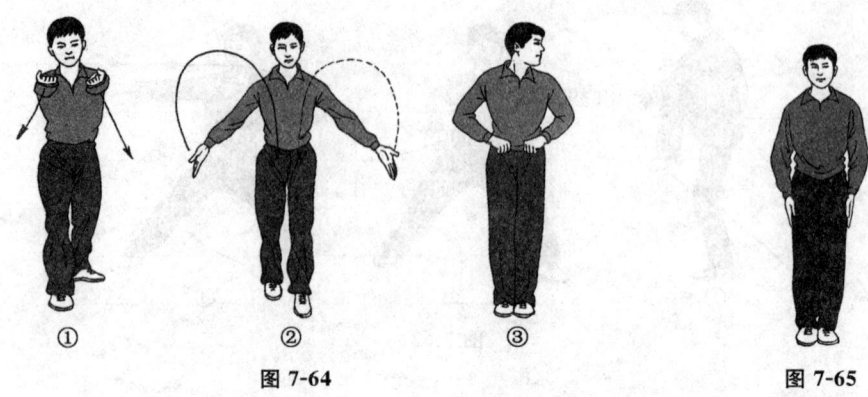

图 7-64　　　　　　　　　　　　　图 7-65

二、少林拳

少林拳源于少林寺,拳因寺而得名,故名少林拳,是少林拳术的总称。

修佛习武是少林寺的重要传统,起初少林僧人习武是为了健身、保卫寺院,后在隋末唐初,少林寺僧因保李氏父子而受到统治者重视,此后多次在保家卫国方面立下战功,由此,少林寺与少林武功名扬天下。

中华人民共和国成立后,我国强调传承与发展传统体育文化的重要性,成立武协保护和推广少林武术。2006年,少林武术被列为"非物质文化遗产"。少林拳是少林寺的基本功夫,是少林武术的重要代表运动项目,其内容体系十分丰富。

以少林拳十八法套路为例,具体内容与习练方法如下。

(一)起势

(1)并脚站立,足尖向前;两手掌由外向头上方合掌,徐徐降至腹前。

(2)左转体90°,双手握拳,左拳在前,与鼻尖平,右拳在后,置于右腭,目视前方。

（二）套路动作

1. 一马当先

左脚上步，成左弓步；右脚蹬地，左臂屈肘竖直向左格挡，左拳置于左眼前方；右拳前冲，高与眼平。

2. 猛虎扑食

右脚蹬地，收右拳于腰，出左拳，右腿屈膝提起前踢，右腿在前落地成弓步，收左拳，冲右拳。

3. 霸王敬酒

收右脚，右手抓对方衣襟扭扯；左脚上半步，左拳勾击。

4. 铁牛犁地

双掌向上，由里向外、由左向右格挡；右转身，上左步，双手手掌向对方颈部劈砍，左脚勾踢对方支撑腿踝关节。

5. 野猪撞墙

左脚前跨，双手上举护头，垂肘护肋；右脚上步，下蹲，双手环抱对方两膝，手指扣对方膝窝，右肩撞击对方腹部。

6. 豹子回头

左脚插入右脚后方，两手抱对方腰部锁紧，右脚蹬地，左后转体180°，带动对方身体旋转摔倒。

7. 横扫千军

右脚上步，右转体，左拳勾击对方腹部；上左脚，右转体，右手横勾对方颈后；右脚前蹬，右手横劈对方咽喉。

8. 拐老下山

移成左仆步，两手向上推挡；右脚跃步向前，左掌击对方脸部,右掌击对方心窝;右脚插入对方两足缠绕其左脚跟,跪地,右手按右膝,左手穿过对方右腿按自己右肩。

9. 老虎扛猪

起身转体180°成左丁步,左手向下勾撩,右掌护于左肩;左脚上步,左手抓对方左腕;右脚跨入对方两足间,身体下潜,将对方扛起。

10. 犀牛顶角

左脚退成弓步,左手按右拳,右肘前击;左脚上步成并步,左肘下砸;右脚前跨成右弓步,右肘前上撞击。

11. 贴身靠墙

左脚插入,从后拦截对方,左肩横靠,使对方倒地。

12. 顺藤摸瓜

左弓步,右拳出击;上右脚弓步,左右拳先后出击;双手缠绕控制对方右腕;上右脚成弓步,两手上挑抓对方右手反关节牵制。

13. 背包过山

左手向上架挡,右脚上步,转身180°成马步;右手穿入对方右腋将对方扛起,下折腰,将对方摔出。

14. 切梁断柱

右掌劈对方咽喉,右脚横踩对方膝关节,转体90°,两手分开,右掌劈击对方咽喉,右脚向右侧横踩对方右膝。

15. 老鼠偷鸡

插入对方身后,右手夹住对方喉咙,快速制服对方。

16.釜底抽薪

右手抓对方头,左手托对方下巴,两手用力扭转;上左脚为弓步,左手上架挡;右脚上步,左手插入对方左膝,右手推对方胸部使其倒地。

17.玉带落腰

左脚上步,并靠右脚,左肘下砸;双足前跳,右腿缠对方膝关节,双手抱对方腰部,身体下潜,右肩顶靠对方,将其摔倒。

18.马踹丹田

右脚落地,成弓步,双掌伸直向前上方穿刺,突击对方咽喉;两手搭对方双肩下拉引,左膝向上顶撞对方腹部;左转体 90°,两手身前防护,左腿踢对方腹部。

(三)收势

左脚落地成虎步,两拳上举,还原成旗鼓势;右转体 90°,两手由上向下划一个圆圈,腹前并拳。

第三节 武术器械套路健身

我国传统武术传承至今,各种古兵器和武术专门器械多达千余种,《中华武术器械大全》收录记载武术器械有 1 200 余种。借助于武术器械创编而成的各种武术器械套路练习,不仅在强身健体方面大有裨益,还能提高运动者利用和使用器械的能力,对身体的协调性是一种良好的锻炼,同时还能提高运动者借助器械进行攻防对抗的能力。武术器械众多,武术器械健身套路也多种多样,这里就常见的武术刀术与剑术进行详细解析,以供参考学练。

一、武术刀术健身

刀是一种古兵器,后演化为当今的武术器械,刀的种类繁多,武术刀术在我国各地流传的套路就数以百计,武术基础刀术套路学练如下。

(一)预备势

两脚并立,左手握刀,虎口朝下,拇指在前,腕贴刀盘,刀刃朝前,刀尖朝上,刀背贴前臂内侧;右手垂于身体右侧(图 7-66)。

(二)第一段

1. 起势

双手同时从两侧向额上方绕环,右手拇指张开贴刀盘,接握左手刀(图 7-67)。

图 7-66

图 7-67

2. 弓步藏刀

右腿屈膝,左脚左上步。右手持刀贴身从左绕向身后,左臂内旋左伸;上身左转成左弓步。右手持刀,从后—右—前—左平扫至左肋时臂内旋,刀背贴左肋,平放,刀尖朝后;左臂头上横掌(图 7-68)。

图 7-68

3. 虚步藏刀

上体右转,右腿屈成右弓步。右手持刀,随体转向右平扫,刀背朝前;左掌左平落;右臂外旋,刀背身后平摆;右脚碾地,上身左转成虚步;刀从背后绕行,左手经体前向下—右腋绕环;右手持刀从左肩外侧向下—后拉回,刀刃朝下,刀尖朝前;左手侧立掌推出(图 7-69)。

图 7-69

4. 弓步扎刀

左脚前移,右脚上步成右弓步;左掌向后直臂弧形绕环至身后平举成勾手,勾尖朝下;右手持刀前扎,刀刃朝下,目视刀尖(图7-70)。

图 7-70

5. 弓步抡劈

转左弓步。右手持刀臂内旋、屈腕,使刀尖由左斜前方向上挂起,刀刃朝上;左勾手变掌附于右肘处;右手持刀从上向右斜前方劈下,刀尖稍向上翘;左臂上举头上成横掌,目视刀尖(图7-71)。

图 7-71

6. 提膝格刀

左脚尖外展,右腿提膝。刀由前下向左上横格,刀垂直立于胸前,刀尖朝上,刀刃向左;左手横附于刀背上,目视刀身(图7-72)。

图 7-72

7. 弓步推刀

右脚前落步；右手持刀向后贴身弧形绕环；左掌从上一下按于刀背上面；上体右转，成左弓步。右手持刀前撩，刀刃斜朝上，刀尖斜朝下；上身前探，目视刀尖（图 7-73）。

图 7-73

8. 马步劈刀

上体右转，蹲成马步。右手持刀抢劈，刀尖上翘与眉齐；左掌头上横掌，目视刀尖（图 7-74）。

9. 仆步按刀

右脚后撤，左仆步，上身右转，右手持刀做外腕花；左掌下按切附右腕，刀尖朝左，刀刃朝下，目左平视（图 7-75）。

图 7-74   图 7-75

（三）第二段

1. 蹬腿藏刀

右腿蹬起，左腿提膝；右手回拉，左掌前伸；上身左转，右手从后向前由左膝下朝左裹膝抄起，左掌屈肘附右臂；右手持刀肩背绕行，左腿落成左弓步，左掌左平摆；右手持刀平扫，至左肋内旋臂；左掌头上横举；右脚尖上翘，脚跟上蹬。目视脚尖（图 7-76）。

图 7-76

2. 弓步平斩

右脚落步，左脚上步，提右脚，上身右后转。右手持刀手心朝下；左掌平摆；右手持刀裹脑；左弓步，右手持刀贴左肋，刀尖朝后；左手头上横掌；右弓步，右手持刀右扫，扫腰斩击，刀尖朝前；左掌从上向后平摆，目视刀尖（图7-77）。

图 7-77

3. 弓步带刀

右手持刀臂外旋，刀尖斜下垂；仆步，持刀左上屈肘带回；左臂屈肘，左掌附刀把内侧，目右侧平视（图7-78）。

4. 歇步下砍

右手持刀，刀尖朝下，肩背后绕行；左掌左侧平伸；左脚插步；右手背肩外侧绕行，手心朝下，刀身平放；左掌向右腋处弧形绕环；歇步，向右下方斜砍刀，左横掌，目视刀身（图7-79）。

① ②

图 7-78

① ② ③

图 7-79

5. 弓步扎刀

上体左转,左脚上步成左弓步。右手持刀平扎;左掌附于右腕里侧,目视刀尖(图7-80)。

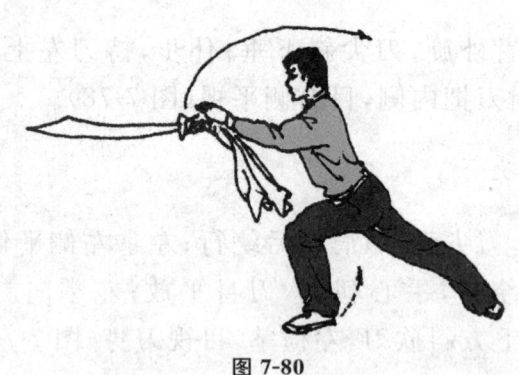

图 7-80

6. 插步反撩

上体右转,左脚上步,右臂内旋,刀由前—上—后直臂弧形绕行;收左肘;右弓步,右手持刀向下—前直臂弧形撩起;左掌头上横架;右脚内扣,上体左转,刀收于腹前,左掌下落附右腕;左插步,右手反臂撩刀,左掌左上插出,目视刀尖(图7-81)。

图 7-81

7. 弓步藏刀

左脚左前上步。右手持刀缠头;左弓步,右手持刀背后经右向左平扫,至左肋内旋,刀背贴左肋;左掌屈肘横掌上举,目视前方(图7-82)。

8. 虚步抱刀

上身右转,左腿伸直,右腿屈膝。右手持刀右扫,左掌左摆;上身直起,右手平扫,刀身后平摆;左掌配合;转体成右弓步。右手由背后经左肩外侧向体前平带；左掌由左—下—前直臂弧形摆起，掌心托刀盘，准备接右手刀；右脚外转成左虚步；左手接刀，身前抱刀下沉；右手头上横掌，目左平视（图7-83）。

图 7-82

图 7-83

（四）收势

右脚并左脚，右掌右耳侧下按落，屈肘外撑，左手握刀不动。目视前方。同预备势。

二、武术剑术健身

剑是"百刃之君"，剑术剑法多变、攻防鲜明，同时兼具健身表演价值，武术基础剑术套路习练如下。

（一）预备势

并步直立，左手持剑贴前臂后侧。右手剑指，两肘微提，目左平视。

（二）第一段

1. 弓步直刺

右手接剑，左手剑指。左脚上步、屈膝，左弓步；上体左转，右手持剑平刺；左手剑指后平举，目视剑尖。

2. 回身后劈

右脚上步，屈膝，上体右转。右手持剑后劈，左手剑指弧形绕环至头上屈肘侧举，目视剑尖。

3. 弓步平抹

左脚上步、屈膝；直右腿，左弓步。左手剑指由胸前下降绕环至头上举，右手持剑向前平抹，目视前方。

4. 弓步左撩

屈右腿提起，右手持剑臂外旋划弧，左手剑指附右腕；右腿落步,右弓步。右手持剑反撩,目视剑尖。

5. 提膝平斩

左脚上步,右手转腕、屈肘剑平绕至头上,右脚后提。右手腕翻转,剑平绕后前平斩;左手剑指由下—左—上绕环,头上横举,目视前方。

6. 回身下刺

右脚落步,上体右转,右手持剑手腕反屈,左手剑指靠拢右手,刺剑直伸,目视剑尖。

7. 挂剑直刺

左脚上步屈膝,右臂内旋反手再翘腕、摆臂,剑尖向左—上抄挂至左肩,胸前平落;直左腿,提右腿,左手剑指附右腕;上体右转,右弓步,右手持剑下刺,左手剑指后平伸,目视剑尖。

8. 虚步架剑

右手持剑绕一小圈,臂内旋,上体后转,成交叉步;右手持剑反手屈肘上架;左手经左肩前附右腕;左脚前进成左虚步,右手持剑后引,左手剑指平伸,目视剑指。

(三)第二段

1. 虚步平劈

左脚跟外展,上体右转,右虚步;右手持剑平劈,左手剑指向上屈肘,目视剑尖。

2. 弓步下劈

右脚踏实,左手剑指伸向右腋下,右手持剑臂内旋;左脚左上步、屈膝,右腿蹬,左弓步;右手持剑屈腕左平绕圈向前下劈剑;左手剑指由右腋下向左上绕环,目视剑尖。

3. 带剑前点

右脚靠左脚,虚着地,右手持剑上屈腕,左手剑指落附右腕;右脚前跃,左脚跟进,丁步;右手持剑前点,左手剑指头上侧举,目视剑尖。

4. 提膝下截

右腿直,左腿退步屈膝,上体后仰。右臂外旋使剑绕环;再内旋使剑划弧下截,提左腿,目视剑尖。

5. 提膝互刺

右腿屈膝,左脚前落步,右臂外旋上屈肘,剑柄收抱于胸前;左手剑指落按剑柄,交叉步;提右腿,直左腿。右手持剑平刺;左手剑指后伸,目视剑尖。

6. 回身平崩

右脚前落步,左脚跟外转,上体后转,成交叉步;右手持剑外旋再收回至胸前,左手剑指上举经左耳落附于右手;上体右转,左腿伸直,右腿屈膝。右手持剑右崩;左手剑指额左上举,目视剑尖。

7. 歇步下劈

右脚蹬跳,左脚横跨落地,右腿插步成歇步;右手持剑上举,再左下劈,左手剑指按于右手腕,目视剑身。

8. 提膝下点

右手平持剑,脚掌碾地,上体右后转,右手持剑平绕一周;上体左后仰,剑身弧形绕环,左手剑指屈肘侧举;右腿直立,提左腿,上体右下探俯,右手持剑下点,目视剑尖。

(四)第三段

1.并步直刺

上体左后转;右臂内旋,剑尖转身前,左手剑指绕环;右脚跟左脚前落步,屈膝;右手持剑平刺,左手剑指附右腕,目视剑尖。

2.弓步上挑

右脚上步屈膝,左腿挺膝,成右弓步;右手持剑挑举,左手剑指平伸,目视剑指。

3.歇步下劈

右腿伸直,左脚上步,两腿交叉屈膝成歇步;右手持剑下劈,左手剑指附右腕里侧,目视剑身。

4.右截腕

两脚掌碾地,上体右转,成左虚步;右臂内旋使拇指一侧朝下,用剑前刃向前上划弧翻转,右手持剑再向右后上方托起,目视剑前端。

5.左截腕

左脚上步,上体左后转,右脚上步成右虚步;右臂外旋,剑身前端向左前上方划弧翻转,剑与地面平行,左手剑指向上侧举,目视剑前端。

6.跃步上挑

左脚上步,右脚离地;右手持剑由右向上、向左屈肘划弧,左手剑指附右腕;望月式平衡,右腿支撑;右手由左胯向下右划弧上挑剑;左手剑指左上横举,目视右侧方。

7.仆步下压

右手持剑弧形平绕,直右膝,提左腿;左手剑指经身前下落按右腕。左脚左侧落步,全蹲,右仆步;右手持剑平压,目右平视。

8. 提膝直刺

直立,提左腿,右腿直立,右手持剑平刺,左手剑指屈肘左上举,目视剑尖。

(五)第四段

1. 弓步平劈

右臂外旋,剑下刃向上转翻,上体左转,左脚左后落步,左弓步。左手剑指向右—下—左—上绕环;右手持剑平劈,目视剑尖。

2. 回身后撩

右脚前上步,屈膝;左脚离地,屈小腿;右拧腰;右手持剑向后反撩,左手剑指侧上举,目视剑尖。

3. 歇步上崩

右脚蹬,左脚跃步,上体右后转;左脚落地,右腿后摆;右臂外旋,左手剑指身后平伸;歇步;右手持剑下压,剑尖上崩;左手剑指头上举,目视剑身。

4. 弓步斜削

上体右转,右脚上步,右弓步;右手持剑外旋向左胸前收回;左手剑指落按剑柄;上动不停,右手持剑由后—前上斜削,手腕向掌心一侧弯曲;左手剑指向后方,拇指一侧在上,目视剑尖。

5. 进步左撩

右腿伸直,上身向左转,左腿稍屈膝,右手持剑经脸前转身边向左划弧,左手剑指附右腕里侧;右脚跟碾地,上体右后转,左脚上步虚着地;右手持剑划弧反撩;左手剑指附右腕,目视剑尖。

6. 进步右撩

右手持剑直臂上—右后划弧，左手剑指收于右肩前；脚跟碾地，右脚上步虚着地；右手持剑划弧抡臂撩起；左手剑指右肩前向下—前—后—头上方举，目视剑尖。

7. 坐盘反撩

右脚上步，左脚右插，坐盘式；右手持剑上—左—下—右上方反手绕环上撩，左手剑指经体前下—后上划弧，屈肘横举于左耳侧，目视剑尖。

8. 转身云剑

直立，上身左后转；右腿虚着地；右手持剑随身一周后平举；左手剑指附右腕；上身后仰，右手持剑左—后—右—前绕一周；左手剑指放开，踏左脚，直右腿，目视左手。

（六）收势

左手左侧接剑反握，右手剑指，右脚上步，上体左转；左脚前虚着地；右手头上剑指；右脚向左脚并步，直立；右手剑指落于体侧，目平视。

第八章 武术健身养生

　　我国古人重视人体健康发展,武术具有多元运动价值,健身养生便是其中非常重要的运动价值,武术习练过程中通过各种动作、姿态、体态及其变化的身体参与,对人体的生理机能和功能具有重要的影响。科学的武术学练更可以促进人体的身体素质的发展和不良机能的恢复,可激发和恢复生命活力,从而实现健身强体、益寿延年的运动功效。在长期的发展中有一部分武术功法内容的健身养生运动价值非常突出,并逐渐演变为武术养生功法体系,其中太极拳、八段锦、五禽戏、易筋经都是武术健身养生功法重要的代表性运动项目,本章就重点对这四个武术健身养生项目的具体学练内容与方法进行系统阐述。

第一节 太极拳

一、太极拳概述

　　太极拳是中国武术的优秀拳种之一,具有练气、蓄劲、健身、养生、防身、修身等多种运动价值。

　　关于太极拳的起源有很多传说。相传为张三丰所创,它是依据《易经》阴阳之理、中医经络学、道家导引、吐纳等综合创造出的一套有阴阳性质,符合人体结构、大自然运转规律的拳术。

　　据现代史实相关文献资料的研究发现,明末清初太极拳已经在河南农村流传开来,尤以温县陈家沟和赵堡镇为中心,代表人物是陈王廷和蒋发。这两人对太极拳的最初传习有学者和史料研究证实真实可信。据中国武术史学家唐豪考证,最早传习太极拳的是明末清初河南温县的陈王廷,他结合古代的导引养生术和经络学说,研究道家的《黄庭经》,参照戚继光的《拳经》,博采众长,加以继承和创新,创编了最初的太极拳,即陈式太极拳。

此后,太极拳几经演变发展,形成了多个流派,在民间广泛流传至今,是百姓健身养生的重要运动项目。

现阶段,我国大众健身中太极拳的健身参与者主要是老年人,老年人经常练习太极拳,可益气养神、固肾健脾、通血气、养筋骨、活关节,预防老年慢性病。

作为中国特有的民族体育项目,太极拳运动已经走出国门,越来越多的国内外太极拳爱好者开始关注和练习太极拳,许多国家还成立了太极拳协会等团体,积极与中国进行太极拳文化交流。现阶段,太极思想和太极拳在全世界范围内被广泛传播、发扬光大。

二、太极拳基础动作健身

(一)头部姿势

(1)头:头正直,不可低头、仰面或歪斜,转动应平正。

(2)眼:眼光延展及远。动作时,眼光随主要手或足转动;定式时,目光前视。

(3)鼻:呼吸自然,与动作协调。

(4)口:口唇轻闭,齿轻合,舌轻舔上颚。

(二)腰部动作

凡是由虚渐实的动作,腰部应有意识地向下松垂,以沉气,切忌用力前挺。

(三)手型、手法

1.手型

拳:五指卷屈,拇指压于食指、中指第二指节。

掌：五指微屈,自然分开。
勾：五指尖捏拢,屈腕,指腕松活自然。

2.手法

贯拳：自下经两侧向前上方弧形横打,力达拳面。
推掌：经耳旁臂内旋前推,力达掌根。
捋：屈臂,掌心斜相对,掌随腰转,由前向后划弧捋至体侧。
掤：臂成弧形,前臂由下向前掤架,横于体前,肘关节稍低于手,掌心向内,高与肩平,力达前臂外侧。
云手：两掌体前上下立圆运转,高不过眉,低不过裆。

(四)步型、步法

1.步型

提步：一腿下蹲支撑;另一脚脚尖向下,收控在支撑脚内侧。
弓步：前腿屈膝,大腿水平,后腿蹬直。
仆步：一腿屈膝下蹲支撑;另一腿直膝,脚尖里扣,与蹲腿的脚跟在一条直线上。
虚步：后腿屈膝下蹲支撑,前脚以脚跟或脚掌虚着地。

2.步法

上步：一脚向前迈,另一脚跟随。
退步：一脚后撤,屈膝后坐,成虚步;另一脚缓抬后撤,成虚步,如此反复后移。
跟步：后脚向前收拢半步。
开步：一脚侧向外迈步,脚间距约同肩宽。

(五)腿法

提腿：一腿屈,前上提起,脚尖高于支撑腿踝关节。
蹬脚：一腿支撑,屈膝;另一腿提起蹬伸,高过腰部。

三、二十四式太极拳套路健身

太极拳各流派套路不同,二十四式太极拳是国家为了进一步普及和推广太极拳,在杨氏48式太极拳的基础上创编而成,具体学练内容与方法如下。

(一)第一组

1. 起势(图8-1)

(1)两脚并拢,臂下垂;左开步,臂平举。

(2)上体正直,屈膝下蹲;两掌下按至腹,垂肘,目平视。

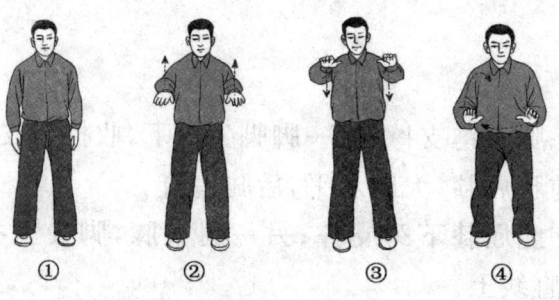

图 8-1

2. 左右野马分鬃(图8-2)

(1)上体微右转,重心随移,右臂胸前平屈,左手划弧放右手下,双手心相对抱球;左脚收至右脚内侧。

(2)上体微左转,左脚迈出,手随转体左上、右下错开。

(3)上体左转,右脚跟蹬成左弓步;双手分开,肘微屈;右手落在右胯旁,目视左手。

(4)上体后坐,左脚尖翘起、外撇,双手准备抱球。

(5)左脚掌踏实,左腿前弓,左转,左手翻转向下,左臂收在胸前平屈,右手划弧放在左手下,双手抱球;右脚收到左脚内侧。

(6)上体微右转,右腿迈出,手随转体左下、右上慢慢错开。

(7)右弓步;上体右转,左右手左下、右上慢慢分开,肘微屈;

左手落在左胯旁,目视右手。

(8)与(4)解同,唯左右相反。

(9)与(5)解同,唯左右相反。

(10)与(6)解同,唯左右相反。

(11)与(7)解同,唯左右相反。

图 8-2

3.白鹤亮翅(图 8-3)

(1)上体微左转,左手翻掌,左臂平屈,右手划弧,与左手相对。

(2)右脚跟进半步,上体后坐;上体先右转,左脚稍前移,成左虚步;上体再左转,双手左下、右上慢慢分开,目平视。

图 8-3

(二)第二组

1. 左右搂膝拗步（图 8-4）

(1)右手从体前下落,肘微屈,左手由左下向上—右下划弧至右胸前;上体微左转再右转;左脚收至右脚内侧。

(2)上体左转,左脚前迈成左弓步;右手屈回由耳侧向前推出,左手向下由左膝前搂过落于左胯旁。

(3)右腿屈膝,上体后坐,左脚尖翘起外撇踏实,左腿前弓,身体左转,右脚收到左脚内侧,脚尖点地;左手翻掌划弧至左肩外侧;右手划弧落于左胸前,目视左手。

(4)与(2)解同,唯左右相反。

图 8-4

(5)与(3)解同,唯左右相反。
(6)与(2)解同。

2.手挥琵琶(图8-5)

(1)上体后坐,右脚跟进,上体微右转。
(2)左脚前移成左虚步,左手由左下向上挑举,臂微屈;右手收回至左臂肘里侧;双手体前侧立掌;目视左手。

图8-5

3.左右倒卷肱(图8-6)

(1)上体稍右转,右手翻掌划弧平举,左手翻掌向上。
(2)右臂屈肘,右手由耳侧向前推出,左臂屈肘后撤至左肋外侧;左腿提、退成右虚步,右脚扭正;目视右手。
(3)上体微左转,左手划弧平举,右手翻掌;目随体转视。

图8-6

(4)(5)分别与(2)(3)解同,唯左右相反。

(6)(7)分别与(2)(3)解同。

(8)与(2)解同,唯左右相反。

(三)第三组

1.*左揽雀尾*(图8-7)

(1)上体左转,右手随转体划弧平举,目视左手。

(2)右转体,左手翻掌划弧,右臂屈肘,双手抱球;左脚收至右脚内侧。

(3)上体左转,左脚左迈,右腿蹬成左弓步,左臂左前掤出,右手落于右胯旁,目视左前臂。

图8-7

(4)身体左转,双手翻掌(左下右上)、下捋,上体右转,右手心向上,左臂平屈胸前。

(5)身体左转,右臂屈肘折回,上体左转,双手挤出,左弓步。

(6)左手翻掌,右手经左腕前右伸,双手左右分开;右腿屈膝,上体后坐,左脚尖翘起;两肘回收至腹前。

(7)上式不停,双手按出,左腿弓成左弓步;目平视。

2.右揽雀尾(图 8-8)

上体后坐,稍向右转,左脚尖里扣;右手划弧至左肋前;左臂平屈胸前,双手抱球;右脚收到左脚内侧,目视左手。

此后,动作同"左揽雀尾"(3)~(7)解,唯左右相反。

图 8-8

(四)第四组

1.单鞭(图 8-9)

(1)上体后坐,右脚尖里扣;上体左转,双手划弧至右臂平举,右手运至肋前。

(2)上体右转,左脚并向右脚;右手划弧变勾手,左手划弧停于右肩。

（3）上体左转，左脚迈成左弓步；左掌随转体前推，目视左手。

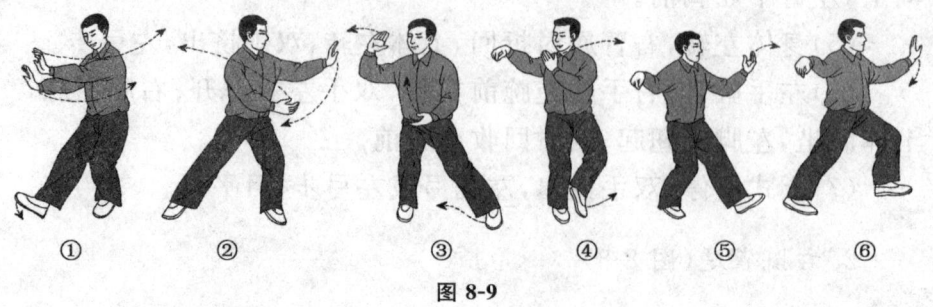

图 8-9

2. 云手（图 8-10）

（1）右转体，左脚尖里扣；左手划弧至右肩，右手松勾变掌。

图 8-10

(2)上体左转,左手脸前向左运转,右手腹前划弧至左肩,右脚靠近左脚,目视右手。

(3)上体右转,左手腹前划弧,右手向右翻转;左腿左跨步;目视左手。

(4)(5)(6)分别与(2)(3)(2)同解。

3. 单鞭(图 8-11)

(1)右手变勾手;左手划弧至右肩,左脚尖点地。
(2)上体左转,左脚迈成左弓步;上体左转,左手掌翻转前推。

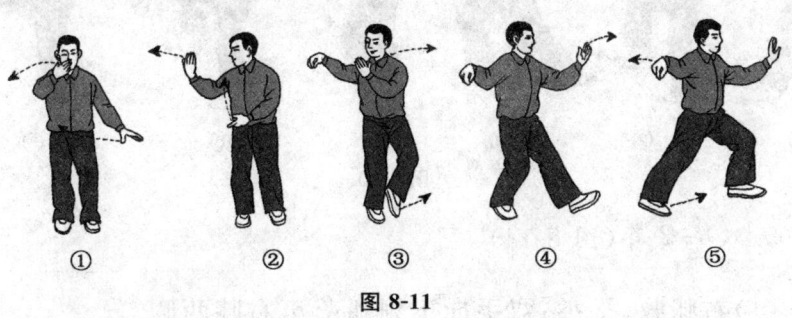

图 8-11

(五)第五组

1. 高探马(图 8-12)

(1)右脚跟进;右勾手变掌,双手心翻转向上,左脚跟离地。
(2)上体左转,右掌前推,左手收至左腰;左脚前移成左虚步。

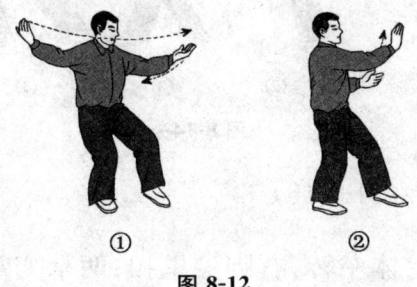

图 8-12

2. 右蹬脚（图 8-13）

（1）左手前伸，双手交叉分开向下划弧；左脚进，右腿蹬成弓步。

（2）双手由外圈向里圈划弧，左脚靠拢，脚尖点地。

（3）双手划弧分开平举，右腿提起，右脚蹬出；目视右手。

图 8-13

3. 双峰贯耳（图 8-14）

（1）右腿收，平举；双手向下划弧落至右膝两侧。

（2）右脚落成右弓步，双手下落变拳，划弧至面前成钳形；两拳相对，目视右拳。

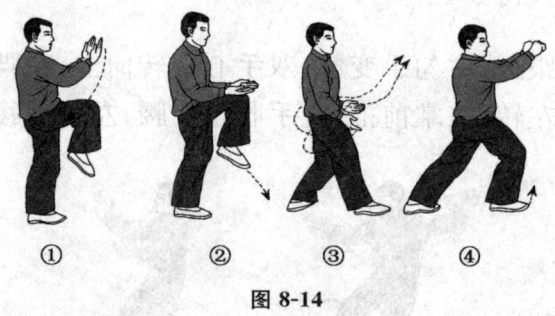

图 8-14

4. 转身左蹬脚（图 8-15）

（1）左腿屈，上体左转，右脚尖里扣；两拳变掌划弧分开平举。

（2）左脚收至右脚内侧，双手划弧合抱于胸前。

（3）双手划弧分开平举，左腿屈膝，左脚蹬出；目视左手。

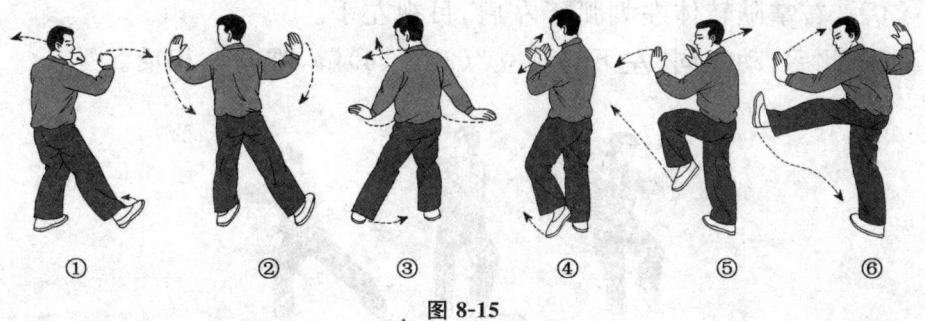

图 8-15

(六)第六组

1. 左下势独立(图 8-16)

(1)左腿收回平屈,右掌变勾手,左掌下落于右肩。
(2)右腿屈膝下蹲,左腿伸成左仆步;左手下落前穿。
(3)左腿前弓,右腿后蹬,上体左转起身;左臂立掌前伸。
(4)提右腿,成左独立式;右勾手变掌上挑,左手落于左胯旁,目视右手。

图 8-16

2. 右下势独立(图 8-17)

右脚下落于左脚前,左脚跟带动身体左转;左手向后平举变勾手,右掌随转体左划弧于左肩,目视左手。

此后,动作同"左下势独立"(2)～(4)解,唯左右相反。

图 8-17

(七)第七组

1. 左右穿梭(图 8-18)

(1)左转体,左腿前落地,右脚跟离地;双手左胸前抱球;右脚收到左脚内侧。

(2)右转体,迈右脚成右弓步;右手翻掌架于右额前,左手向左下、前推出。

(3)右脚尖外撇,左脚跟前迈停于右脚内侧,双手胸前抱球。

(4)同(2)解,唯左右相反。

2. 海底针(图 8-19)

(1)右脚跟进,右脚举步;右手先落后提至耳旁,左手落至体前侧。

(2)左脚尖虚点地;体稍右转;右手由耳旁斜插,左手划弧落于左胯旁,目视前下方。

第八章 武术健身养生

图 8-18

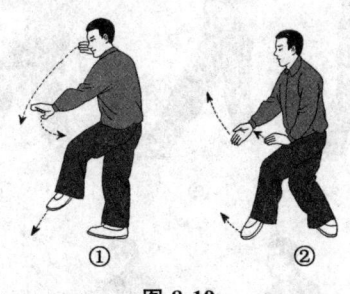

图 8-19

3. 闪通臂（图 8-20）

（1）上体右转，左脚回收举步，双手上提。

图 8-20

（2）左脚前迈，双手分别向左前、右后分开。
（3）左腿屈膝弓步；右手右额前举，左手胸前推出，目视左手。

（八）第八组

1. 转身搬拦捶（图 8-21）

（1）上体后坐，重心随之右移，左脚尖里扣；身体右后转，右手腹前划弧至左肋旁，左掌上举于头前。
（2）右转体，右拳撇出，左手落于左胯，右脚收回后再前迈。
（3）左腿前上步；左手划弧拦出，右拳划弧收到右腰旁。
（4）左腿弓步，右拳前打，左手附于右前臂内侧；目视右拳。

图 8-21

2. 如封似闭（图 8-22）

（1）左手前伸，双手心翻转分开回收；左脚尖翘起。
（2）双手胸前翻掌，下经腹向上、前推出；左腿弓成左弓步。

图 8-22

3.十字手(图 8-23)

(1)屈膝后坐,左脚尖里扣,右转体;右手右摆划弧,两臂侧平举;右脚尖外撇成右弓步。

(2)右脚尖里扣,向左收回,直腿开立;双手下经腹向上划弧交叉合抱于胸前,右手在外,成十字手。

图 8-23

4.收势(图 8-24)

双手外翻,缓缓落臂至腹前;两腿缓慢蹬直,成并步直立,两掌落至腿侧,目平视。

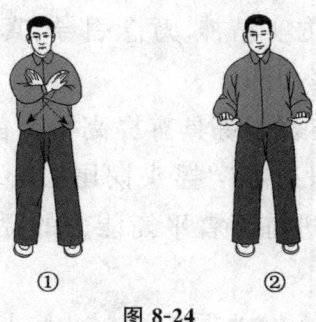

图 8-24

第二节 八段锦

一、八段锦概述

八段锦是我国传统内功养生保健功法,因由八节动作组成,故名八段锦。就目前的所有史料记载及文物研究中,最早出现"八段锦"的是在南宋洪迈所著的《夷坚志》中:"政和七年,李似矩为起居郎……夜半时起坐,嘘吸按摩,行所谓八段锦者。"故多认为八段锦起源于宋朝时期。

"八段锦"中的"八"不仅仅是指段、节和八个动作,还指该功法包含多方面的要素,而且这些要素是相互联系、相互制约、循环运转的。《遵生八笺》(明,高濂)中记载:"八段锦引导法于后午前做,造化和乾坤。循环次第转,八卦是良因。"之后,人们以"锦"来比喻这套动作,"锦"由"金"和"帛"二字组合而成,表示绝美华贵的意思,具体就是指这套动作编排精致,舒展完美,健身治病效果显著,此外,人们还以"单个导引术式的汇集"来解释"锦"字,说明八段锦功法完整,如丝锦连绵不断。

在不断的发展过程中,八段锦不断完善,许多健身动作几经调整,最终形成了现在的八段锦健身体系。八段锦的习练要求松紧相兼、动静相宜,"紧在一瞬间,松则贯穿始末",重视动作、意念和呼吸的配合,通过内实精神、意念引导、真气运行来实现动作如行云流水般协调自然。①

八段锦的功法内容习练具有提高平衡能力的显著功效,在八段锦中,"左右开弓似射雕""摇头摆尾去心火"和"背后七颠百病消"等动作都能够促进练习者平衡能力的提高。例如,"背后七颠

---

① 罗雪琳.浅析八段锦的养生功效[J].体育世界,2010(2).

百病消"这一动作要求练习者以两脚脚尖支撑身体重心,这就对其平衡能力提出了较高的要求,练习这一动作也必然能够改善其平衡性,平衡能力的提高与改善有利于预防跌倒受伤,并能改善关节灵活性及下肢力量。此外,运动健身实践表明,八段锦习练还有调节情绪的作用,而且目前已经有很多研究都证实了八段锦对情绪具有积极的改善作用,情绪积极乐观,就可以使人的生理与心理更加健康。由此可见,八段锦是一种非常好的养身修心的运动健身项目。

二、八段锦健身

(一)预备式

身体直立,两臂下垂,全身放松,舌抵上颚,目光平视(图8-25)。

(二)第一段:双手托天理三焦

动作如图8-26所示。
(1)两臂外旋下落,十指腹前交叉。
(2)直膝,胸前托掌,再托两臂,抬头。
(3)上举两臂,直肘;提脚跟,抬头,目视手背。
(4)呼气,缓低重心,十指分开,两臂下落。

图8-25

图8-26

(三)第二段:左右开弓似射雕

动作如图 8-27 所示。
(1)右移重心,开步站立;两掌胸前交叉,马步。
(2)右掌变爪,置于肩前;左手八字掌左平推,似左开弓。
(3)右移重心,右手爪变掌,向上、右划弧与肩齐高;左手变掌,右移重心;两掌胸前交捧,目视前方。
(4)做右开弓,动作同(2),方向相反。

图 8-27

(四)第三段:调整脾胃须单举

动作如图 8-28 所示。
(1)直膝,并步直立,屈肘抬臂,掌心向下。
(2)左手内旋上举,右手下按,此为"左举"。
(3)"右举"与左举动作相同,方向相反。

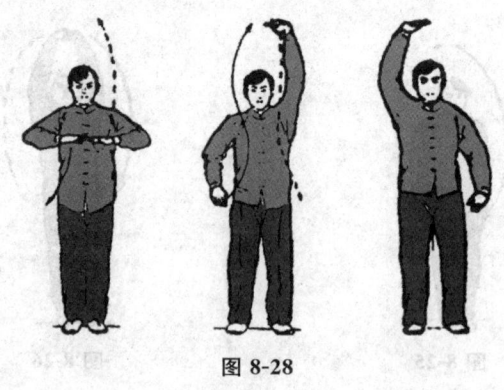

图 8-28

(五)第四段：五劳七伤往后瞧

动作如图 8-29 所示。
(1)直膝，并步，头左、后转，目后视。
(2)头还原。头右、后转，目后视。

图 8-29

(六)第五段：摇头摆尾去心火

动作如图 8-30 所示。
(1)左脚左跨，马步，双手扶按膝，虎口朝里。
(2)吸气，头左下摆，臀右上摆，上体左倾。
(3)呼气，头右下摆，臀左上摆，上体右倾。
(4)上体前俯，头、躯干自绕环一周。

图 8-30

(七)第六段：双手攀足固肾腰

动作如图 8-31 所示。
(1)直立，并步，双手背后。

(2)上体前屈,直膝,直臂,双手分握两脚尖。

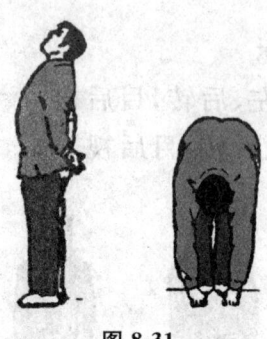

图 8-31

(八)第七段:攒拳怒目增力气

动作如图 8-32 所示。
(1)左脚左跨,马步,双手腰间抱拳,目前视。
(2)左拳用劲缓缓前冲,小臂内旋拳心向下。左拳变掌,抓握成拳,收抱腰间。此为"冲左拳"。
(3)冲右拳同冲左拳,方向相反。

图 8-32

(九)第八段:背后七颠百病消

动作如图 8-33 所示。
(1)提脚跟,双手左里右外身后交叠,百会上顶,吸气。
(2)足跟落,接近地面,呼气。

(十)收势

(1)两臂侧摆,与髋齐高。

(2)屈肘,两掌于丹田相叠,两臂自然下垂。

图 8-33

第三节 五禽戏

一、五禽戏概述

五禽戏是我国一项历史悠久的养生气功,相传,五禽戏为华佗编创,西晋时陈寿的《三国志·华佗传》记载:"吾有一术,名五禽之戏,一曰虎,二曰鹿,三曰熊,四曰猨(猿),五曰鸟。亦以除疾,并利蹄(蹄)足,以当导引。"

"五禽戏"中的"五"并非一个准确的数,而是一个约数;在古代,"禽"并非指禽类,而是代指动物;"戏"是指歌舞、杂技等活动。可见"五禽戏"是一种较为特殊的健身养生运动形式。

五禽戏是以导引术发展为基础,以中医脏腑、经络气血等为理论指导,结合自身所掌握的知识和积累的经验对虎、鹿、熊、猿、鸟五种动物的神态及代表性动作进行模仿,并整理总结而成的一套体育健身养生功法。

相对于其他养生功法而言,五禽戏的动作难度是较低的,但其要求较高,不管是动态动作还是静态动作,都要进行精化、细化的处理。五禽戏的锻炼要求以意领气、心静体松、气贯周身,动作紧凑有序、呼吸柔缓等,这些都是练习者在练习过程中必须达到的要求。

作为一种典型的传统保健养生导引术,五禽戏是我国最早的、最完整的医疗保健操,对后世的气功武术有很大的影响。

二、五禽戏健身

五禽戏的内容主要包括虎戏、鹿戏、熊戏、猿戏、鸟戏。具体习练方法如下。

(一)虎戏

动作如图8-34所示。

(1)俯身,双手按地,吸气,身躯前耸至极,稍停,身躯后缩,呼气,如此反复3次。

(2)双手先左后右前挪,同时,两脚后退,拉伸腰身。

(3)上抬头,头正平视。

(4)像虎行进,四肢前爬七步,再后退七步。

图 8-34

(二)鹿戏

动作如图8-35所示。

(1)四肢着地,吸气,头左转至极,稍停,呼气;头回转,吸气。

(2)右转头,方法如前。共左转 3 次,右转 2 次。
(3)抬左腿,后伸,稍停,还原。
(4)抬右腿,方法如前。共左腿后伸 3 次,右腿 2 次。

图 8-35

(三)熊戏

动作如图 8-36 所示。

(1)仰卧,屈腿,双手抱膝下,头上顶,肩背离开地面成坐姿,略停。
(2)以左肩侧滚落地面,肩触床后即可恢复坐姿,略停。
(3)以右肩侧滚落地面,起。左右反复各 7 次。
(4)起身,蹲姿,双手侧开撑地。
(5)如熊行走,抬左脚、右手掌离地,落;抬左脚、右手掌离地,落。左右反复数次。

图 8-36

(四)猿戏

动作如图 8-37 所示。

(1)选一根横竿,高悬,站立时手指可触为宜,双手抓握竿如猿攀物,两脚悬空,做引体向上7次。

(2)左脚背勾横竿,松手,头身倒悬,略停。

(3)右脚背勾横竿,倒悬身躯,如此左右交替各7次。

图 8-37

(五)鸟戏

如图 8-38 所示。

图 8-38

(1)站姿,吸气,跷左腿,两臂侧平举,扬眉,如鸟展翅欲飞。
(2)呼气,左腿回落,两臂回落。
(3)跷右腿,方法如前。如此左右交替各7次。
(4)坐下,屈右腿,双手抱右膝,拉近贴胸,稍停。
(5)后双手抱左膝,方法如前,如此左右交替各7次。
(6)站起,两臂如鸟理翅般伸缩各7次。

第四节　易筋经

一、易筋经概述

关于易筋经的起源,有许多神秘的传说,流传最广的说法为易筋经为达摩所创,现在一般认为,易筋经起源于我国秦汉时期的导引术,易筋经的产生旨在解决当时人们的人体病患和促进人体健康发展,后逐渐成为一项健身运动项目。

随着易筋经的不断发展,易筋经形成了自己完整的理论体系,并具有了具体的套路动作练习内容体系,具有重要的健身养生功效,因注重气息导引,故被列为武术气功类项目。目前,和其他武术气功健身导引术相比,易筋经在大众健身中的普及程度还比较低,大众健身习练人数较少。

易筋经是我国优秀的养生气功,运动实践表明,通过长期的易筋经健身习练,借助于易筋经的"拔骨"来"伸筋"习练中强调动作力度、柔和、协调,使关节、肌肉、骨骼在传统定势动作基础上尽可能地多方位和广角度活动,经常习练可活动肌肉、筋骨,可促进机体的血液循环,增加体内营养代谢,能促进身体的内部协调,可实现良好的养生祛病、延年益寿效果。

二、易筋经健身

(一)预备势

两脚并立,两手自然下垂;下颌微收,虚领,唇齿合拢,目视前方。

(二)第一式:韦陀献杵第一势

(1)左脚左迈半步,两腿开立,屈膝;两手下垂。
(2)两臂自体侧前抬至平举;掌心相对,指尖向前。
(3)收臂,指尖指向斜前上方30°,胸前合掌,掌根与膻中穴同高,虚腋;目视前下方(图8-39)。

图 8-39

(三)第二式:韦陀献杵第二势

(1)两掌伸平,掌心向下。
(2)两掌前展,掌心向下,指尖向前。
(3)两臂侧平举,掌心向下,指尖向外;五指并拢;目视前下方(图8-40)。

图 8-40

(四)第三式:韦陀献杵第三势

(1)松腕,两臂收至胸前平屈,掌心向下;两掌内旋,翻掌至耳垂下,掌心向上,两肘外展与肩平。

(2)重心前移,前脚掌支撑,提踵;伸臂,两掌上托至头顶,掌心向上。

(3)收颏,舌抵上颚,牙关咬紧(图8-41)。

图8-41

(五)第四式:摘星换斗式

(1)右脚右前移步,体左微侧。

(2)提右足跟,成右虚步;左手握空拳置于腰后,右手指掌握如钩状下垂于裆前。

(3)右钩手上提,肘高于肩;松肩,屈腕,钩尖向右。

(4)含胸拔背,直腰收臀;头微偏,目视右掌心;紧吸慢呼,沉气;左右交替练习(图8-42)。

图8-42

(六)第五式:倒拽九牛尾式

(1)左腿左跨,屈膝,成马裆式;两手握拳由后划弧线向裆前,拳背相对,拳面近地。

(2)上体前倾,松肩,直肘;昂头;两拳上提至胸,拳变掌,抱球;旋动两前臂,双掌平直推,掌心向外,松肩。

(3)右转体,成右弓左箭式;右臂外旋成半圆状,拳心向面,拳与肩平,肘不过膝,膝不过足尖。

(4)左臂内旋后伸,拳背离臀,屈肘,两上肢前(外旋)后(内旋)做螺旋状,上身正直,塌腰,收臀,调鼻息。左右交替练习(图8-43)

图 8-43

(七)第六式:出爪亮翅式

(1)两手头上仰掌,虎口相对,掌心朝天,十指分开,左右手中、食指相接;目视指尖。

(2)足跟随式上提,以两足尖支撑,直膝。

(3)两掌缓缓分开向左右而下,上肢成一字并举,足跟随式落地,直膝。

(4)翻掌,掌心朝天,十指分开,目平视,腕、肘与肩平(图8-44)。

图 8-44

(八)第七式:九鬼拔马刀式

(1)足尖相衔,八字脚,胸前交叉立掌。

(2)左臂经上往后成钩手置于身后;右臂向上经右往胸前,掌根着实。

(3)右臂上举过头,由头右侧屈肘俯掌下覆,手抱于颈项;左手钩手化掌,左掌心贴于背并尽量上移,抬头后仰(图8-45)。

(4)掌用力下按,手项争力,挺胸直腰,腿坚脚实,使劲由上贯下至踵;左掌由后经下往前,右前臂向前回环,胸前交叉立掌。

图 8-45

(九)第八式:三盘落地式

(1)左腿左跨,足尖内扣,屈膝,成马裆式,两手叉腰,腰直胸挺,后背如弓。

(2)两手由后向前抄抱,十指交叉而握,掌背向前,虎口朝上,肘微屈;两臂似一网盘处于上胸。

(3)旋腕转掌,掌心朝前,两掌左右划弧线向下,由下成仰掌沿腹胸上托至眉高。

(4)旋腕翻掌,掌心朝地,两掌下按虚掌按膝;松肩,屈肘,两臂内旋;挺胸,背弓,头上顶,目平视(图8-46)。

图 8-46

(十)第九式:青龙探爪式

(1)左腿左跨,两手仰拳护腰;身体正直;左掌右前伸探,掌高过顶,体微右转,目视手掌,肘与腕直。

(2)左手大拇指向掌心屈曲,双目视左手大拇指;左臂内旋,掌心向下推掌地,直膝,昂首。

(3)左掌离地,左膝上收至腰,成两仰掌护腰式,左右手交替前探(图8-47)。

图 8-47

(十一)第十式:卧虎扑食式

(1)右腿右跨一大步,屈膝,成左仆腿式,两掌相叠,扶于右膝上。直腰挺胸,目左视。

(2)身体左转,右腿直,屈左膝,左弓右箭式,两掌分向身体两侧上举于耳后两旁,两掌前推至肘直。

(3)俯腰,两掌下按着地,按于左足前方两侧,肘直。

(4)右足跟提起,足尖着地,在前之左腿离地后伸,两掌及右足尖支撑身体。

(5)屈膝,重心后移,直膝,两掌使劲,身体前探,重心前移;直肘,昂头,两掌撑实,后收前探(图8-48)。

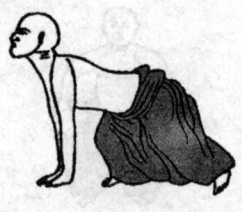

图 8-48

(十二)第十一式:打躬式

(1)左腿左跨,足尖内扣,两手仰掌向上成左右平举式,头如顶物,直肘,立身,腕、肘与肩平。

(2)屈肘,十指交叉,掌心抱持后脑,屈膝蹲成马裆式。

(3)直膝,前俯腰,两手用力使头尽向胯下,直膝,足跟始终贴地。

(十三)第十二式:工尾式(掉尾式)

(1)身立正直,两手仰掌,上举过顶,目随掌移。

(2)十指交叉,旋腕,反掌上托,掌心朝天,肘微屈,目平视。

(3)仰身,腰向后弯,臂随之而往,目上视。

(4)俯身向前,推掌至地。昂首瞪目,膝直,足跟离地。

第九章　武术搏击健身

武术搏击体现了武术运动的技击本质属性，武术搏击运动内容是传统武术在现代世界竞技体育一体化发展中持续发展的重要内容。从体育参与的角度来讲，武术搏击不仅具有竞技对抗的进攻、防卫价值，也具有武术运动最基本的健身价值，相较于武术基本功健身和养生健身，武术搏击健身运动强度、运动量更大，对运动者的身体素质要求更高，健身效果也更加明显。武术搏击健身主要是在搏击对抗过程中实现的，本章就主要结合武术典型搏击项目的对抗形式全面阐析武术搏击健身内容与方法。

第一节　散打

一、散打概述

散打，又称散手，古称相搏、角抵、手战等，是中国武术运动中的一项双人搏斗运动，是我国传统武术搏击运动项目之一，具有悠久的历史与文化内涵。

散打运动最初起源于古代人们的生存需要和生产劳动，在人与人之间的搏斗，如在战场士兵的徒手对抗中不断得以发展，成为一种重要的军事技能，这被视为散打运动的雏形。

在民间，人与人之间的搏斗游戏和搏斗切磋也随着武术运动的发展一直存在，民间武术发展迅速，各流派、各场馆的拳术风格不一、打法不一，因此，各武馆之间经常在一起进行武艺切磋，民间"打擂台"极大地促进了民间武术交流与发展，也推动了武术散打运动内容与形式的不断成熟。

经过长期发展,散打运动发展成为一项独立的武术运动项目,它以传统武技为基础,是对传统武技的继承与提高,具有一定的比赛规则,要求搏击双方在不伤害对手的情况下充分发挥各自的技法。

目前,散打运动,作为亚运会正式比赛项目,开始走出国门、走向世界。散打运动的现代化发展还为武术竞技化发展与改革提供了重要的经验参考。

二、散打基本动作

(一)实战姿势

以正架式为例,两脚左前右后开立,膝微屈,前脚掌内侧与后脚脚跟内侧在一延长线上。两手左前、右后握拳,屈肘90°～110°,左拳与鼻同高,右臂屈肘夹角小于90°,面部和左肩、右拳正对对手。

(二)拳法

1. 冲拳

冲拳,又称直拳,直线进攻拳法。

(1)左冲拳:左脚在前,实战步。前脚掌蹬地,身体稍左转,重心稍前移,左拳向前击出,右拳放于下颌外侧待发,拳顺原路收回成实战步(图9-1)。

(2)右冲拳:右冲拳略同左冲拳,唯发拳时左倾身体,出拳路线要直,出拳速度要快,攻击对方中、上盘(图9-2)。

2. 掼拳

掼拳,又称摆拳,侧面弧线进攻拳法。

(1)左掼拳:左脚在前,实战步。右转体,左拳向外、向前、向里横掼,臂微屈,拳心朝下,力达拳面或偏于拳眼侧,右拳护于右腮,目视前方(图9-3)。

图9-1

图9-2

图9-3

(2)右掼拳:预备势,右脚微蹬地并向内扣转,合胯并向左转腰,右拳向外—前—里横掼,力达拳面或偏于拳眼侧;左拳回收至左腮前(图9-4)。

图 9-4

3. 抄拳

抄拳,又称勾拳,力量大,可直接攻击。

(1)左抄拳:左脚在前,实战步。右转体,重心略下沉,左脚掌蹬地,脚跟外转,向右上挺髋,左拳右击,肘屈 90°～110°,拳心朝里,力达拳面,目视前方。

(2)右抄拳:右脚蹬地,扣膝合胯,左转腰,右拳由下向前—上抄起,上臂与前臂夹角在 90°～110°之间,拳心朝里,力达拳面;左拳回收至右肩内侧。

(三)腿法

以左腿为例,常见散打腿法动作如下。

1. 蹬腿

脚底部位向前直线蹬出。

左正蹬时,左脚在前,右腿直立或稍屈,左腿提膝抬起,大腿靠近胸腹部位,勾脚尖,脚底向前蹬出,上体后仰,力达脚前掌(图 9-5)。

2. 踹腿

左踹腿时,左脚在前,实战步。右腿直立或稍屈支撑;左腿屈膝抬起,小腿外摆,勾脚尖,脚掌正对攻击目标,展髋,挺膝前踹,力达脚掌(图 9-6)。

图 9-5

图 9-6

3. 鞭腿

鞭腿,又称"边腿"。速度快,进攻力量、高低随意。

左鞭腿时,左腿在前,实战步。右腿直立或稍屈支撑,上体稍向右侧倾;左腿屈膝向左侧摆起,扣膝,绷脚背,挺膝向前弹踢小腿,力达脚背至小腿下端。

(四)摔法

摔法,也称跌法,快摔,是中国散打的特点。结合对方攻防方法不同,选择不同方法应对,并最终将对方摔倒。

1. 抱腿别腿摔

对方左腿击上体,迅速靠近对方,右手从上抓其左脚腕,并屈左臂用肘窝夹其左膝窝。随即躬身用左手由裆下穿,左手掌扣住其右膝窝,右手往右后扳拉其左脚腕。身体右后转,下降重心,右手向右后扳拉,摔倒对方(图9-7)。

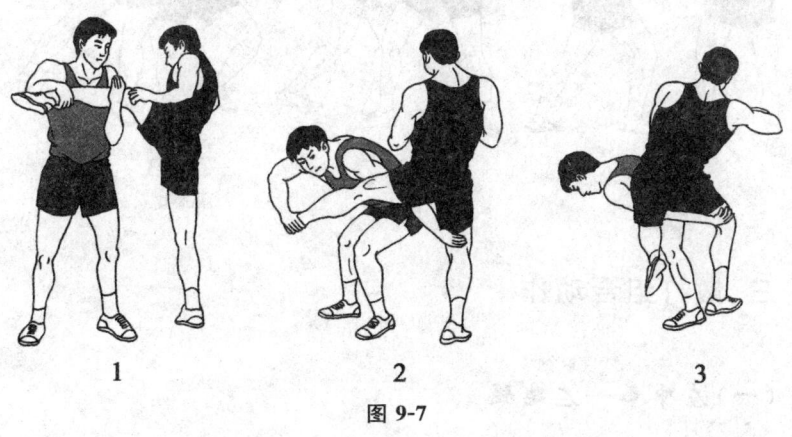

1　　　　　　2　　　　　　3

图 9-7

2. 接腿上托摔

对方右正蹬腿踢击,我方可用两手抓握其小腿,屈臂上抬。挟托其脚后,上右步,向前上方推展,令对方摔倒。

3. 接腿勾腿摔

对方用右侧弹腿踢击,我方可用左手抄抱其小腿,右手穿对方右肩,压其颈;同时,右脚踢对方支撑腿,令对方摔倒。

4. 接腿涮摔

对方用右侧弹腿踢击,我方可用双手抓握其右脚左拉,并向下—右—上摆荡,令对方失去重心摔倒。

5. 格挡搂推摔

对方左脚在前,拳击我方头部,我方可用右臂抵架来拳,屈臂顺势由对方左臂外侧自上而下滑,卡其左臂,并上左腿支撑,右手回扒对方左大腿,左手猛推对方左胸,使对方失去重心而摔倒(图9-8)。

图 9-8

三、散打组合动作

（一）左冲拳—左踹腿

实战姿势，一方疾步以左冲拳击打对方面部，随后直接以左踹腿踢击对方胸腹（图 9-9）。

图 9-9

（二）左踹腿—右踹腿

实战姿势，一方滑步以左踹腿踢击对方腹部，随后左脚落地，直接以右踹腿踢击对方的胸、头部（图 9-10）。

（三）右踹腿—左右冲拳

实战姿势，一方垫步以右踹腿踢击对方腹部，随后直接以左右冲拳连击对方面部（图 9-11）。

图 9-10

图 9-11

（四）左冲拳—抱腿前顶摔

实战姿势，一方疾步以左冲拳击打对方面部，随后进步抱住对方双腿，以抱腿前顶摔将对方摔倒（图 9-12）。

图 9-12

(五)左侧弹腿—左右冲拳—左踹腿

实战姿势,一方垫步以左弹腿踢击对方腿部,随后以左右冲拳,连击对方面部,垫步以左踹腿踢击对方胸、头部(图9-13)。

图 9-13

四、散打攻防技法

(一)散打进攻

1.肘击

肘击是散打中常用的进攻技法,常见技法内容如下。

(1)顶肘

以肘尖顶击对手,根据攻击对方身体部位的不同,可以分为上(顶面)、中(顶胸)、下(顶腹)三层次,还可以从左右、前后实施顶肘。

以平顶肘为例,实战步,前进一步靠近对方,使肘击在有效攻击范围之内,突然出肘平顶对方。

(2)盘肘

从侧面攻击对手,进攻路线为弧线,但攻击效果并不会因此削弱,常用于攻击对方肋、腹部。盘肘时,前进一步靠近对方,使肘击在有效攻击范围之内,内旋臂,并猛转体,随之手臂横扫攻击对方。

2. 膝击

膝关节是人体十分坚硬的一个身体部位,具有较强的抗击打和击打能力,且位于人体下部,进攻时出击动作不易被发现,具有良好的隐蔽性,可令对方防不胜防。

武术散打常用膝法如下。

(1)顶膝:屈膝,由下向上顶击,力达膝尖。
(2)冲膝:屈膝,向前冲撞,力达膝前部。
(3)侧顶膝:屈膝,由外向内顶击,力达膝尖或膝后部。
(4)横撞膝:屈膝,由外向内撞击,力达膝内侧。

(二)散打防守

1. 拍压

防守对方以直线进攻己方中、下盘,左(右)拳变掌,以掌心或掌根为力点,由上向前下拍压。

2. 拍挡

防守对方以直线拳法或横向腿法进攻己方上盘。左架实战势开始(以下同),左(右)手以手腕为力点,向里横向拍挡。

3. 挂挡

防守对方以横向进攻己方中、上盘,用左(右)手屈臂向同侧头部挂挡。

4. 提膝闪躲

对方正面或横向以腿法攻击己方下盘，实战势开始，前腿（左前右后）屈膝提起离地。

5. 掩肘阻格

防守对方以由下至上的手法攻击己方中、下盘，实战势开始，以左掩肘为例。左臂弯曲，前臂外旋，在腰右转并向内、向腹下滚掩，拳心朝里，以前臂尺骨下端（小指侧）为防守力点，含胸、收腹、低头。

（三）散打防守反击

防守反击，具体是指防守后的反击，其本质是反控制。就常用反击技法内容解析如下。

1. 拳法防守反击

（1）摇避闪躲—左手直拳反击

对方右摆拳技术击打我方头部，我方以摇避躲闪对方来拳，再以左摆拳反击对方头部。

（2）格架防守—右手直拳反击

对方击打我方头部，我方应以格架防守对方来拳，与此同时，以右手直拳接左手摆拳反击，攻击对方头部。

（3）推拍防守—右手直拳反击

对方用直拳技术击打我方头部，我方可推拍防守对方来拳，与此同时，以右手直拳反击对方头部。

（4）后闪防守—左手摆拳反击—右手直拳反击

对方运用直拳击打我方头部，我方迅速躲闪，并伺机在对方身体前倾时以左手摆拳接右手直拳反击对方头部。

2.腿法防守反击

（1）提膝防守—左侧踹反击

对方鞭腿攻击我方下肢，以提膝防守对方来腿，并以左腿侧踹反击对方头部。

（2）撤步防守—左鞭腿反击

对方右鞭腿攻击我方大腿，应后撤左腿快速躲闪，以左鞭腿反击对方头部。

（3）滑步防守—右鞭腿反击

对方左鞭腿攻击我方大腿，以后滑步防守，并以右鞭腿反击对方大腿。

（4）截击防守—右鞭腿反击

对方右鞭腿攻击我方头部，以侧踹腿攻击对方躯干，阻截对方来腿，再迅速以右鞭腿反击对方头部。

第二节　擒拿

一、擒拿概述

擒拿是武术踢、打、摔、拿四大技击术的组成部分，也是一项独立的斗智、斗力、斗技的激烈的对抗性运动。

关于"擒拿"，古文献中解释"擒"即"擒者，捉也"；"拿"即"控制"的意思。明代戚继光《纪效新书·拳经·捷要》中介绍各拳术名家时就有"鹰爪王之拿"的记载。清朝称为"串指"，民国时期，正式统称为"拿技""擒拿"。

擒拿始于早期人类战争，在人与人的近距离搏斗拼杀中产生发展而来，擒拿是古代军事训练的重要内容，之后逐渐发展成为一项独立的体育运动。发展到现代，擒拿有大擒拿和小擒拿之分。其中，小擒拿又称"锁筋扣骨手"，多为一些小巧功夫，用于近身格斗;大擒拿又称"分筋错骨手",通过拿捏敌人肌腱或利用反关节技术令敌人失去反抗能力。

擒拿以武术技击为主要内容,强调对抗中利用技巧一招制敌,擒拿技击作用明显,是当前安保系统的专项训练内容,普通人习练擒拿,可用于健身,更可提高自卫能力。

二、擒拿基本功

(一)指功

(1)手指戳物:两手食指交替戳击墙壁、木桩或其他物体。
(2)抓罐:马步蹲,左右手交替抓罐子(图 9-14)。

图 9-14

(3)抓沙袋:一手上抛沙袋,另一手抓握接住,左右手交替抛接沙袋(图 9-15)。

图 9-15

（4）抓铁球：开立半蹲，一手抓握铁球，上抛。当铁球下落时，另一手迅速抓握，两手交替进行（图9-16）。

图 9-16

（二）臂腕功

（1）推砖：马步开立，两手各握一块砖，拇指在上，屈肘收于两腰侧，左右两手交替向前平推（图9-17）。

图 9-17

（2）拧棒：在圆木棒上系块砖，两手各握木棒两端。马步开立，两手前伸握棒，两手向前下用力拧棒，拧起重物（图9-18）。

图 9-18

(3)缠腕:两人一组,相对蹲成马步。甲乙双方同时伸出左手或右手,由对方外侧向里,腕处交手,向外旋,掌心向下,虎口向前抓握对方手臂向下拧压,再松手,换另一手缠腕(图 9-19)。

图 9-19

三、擒拿基本动作

(一)手法

(1)抓:五指合力握。

(2)压:前臂由上向下挤。

(3)托:手掌由下向上举,阻止对方下击。

(4)刁:反手由里向外,小指一侧接触对方来拳(掌)的前臂或腕关节,五指合力攥(对方前臂或腕关节)。

(5)拧:抓住对方关节向里或外旋转。

(6)推:向外或向前用力推挡对方来拳(掌)。

(7)架:前臂向上横截来拳(掌)的前臂。

(8)拨:前臂由上向下、向里封堵对方的来拳(掌)。

(9)缠:当对方抓住我方手腕时,我方被抓手以腕关节为轴向上、外、下旋转,抓拧对方手腕。

(10)搅架:用前臂向斜上方架出,上架、外旋对方来拳(掌)的前臂。

(11)捋抓:用前臂由下向上横截对方来拳(掌),双方手臂相触时,顺势反手抓紧对方前臂或腕关节,并顺势斜下拉拽,使对方失去重心而摔倒。

(二)步法

1. 滑步

(1)前滑步:实战姿势开始,右脚蹬地,左脚前滑一步,右脚随即跟进。

(2)后滑步:实战姿势开始,左脚蹬地,右脚后滑退一步,左脚随即跟进。

(3)左滑步:实战姿势开始,右脚前掌内侧左蹬地,左脚左滑步,右脚迅速跟上。

(4)右滑步:实战姿势开始,左脚前掌内侧右蹬地,右脚右滑步,左脚迅速跟上。

2. 环绕步

(1)左环绕步:实战姿势开始,左环绕滑动时,右脚蹬地,左脚先向左斜前方滑移,着地后右脚迅速向同一方向跟进,重心随之向斜前方移动。

(2)右环绕步:同左环绕步,方向相反。

3. 垫步

实战姿势开始,后脚蹬地,向前脚的内侧靠拢,前腿屈膝提起。

4. 纵步

(1)单腿纵步:实战姿势开始,一腿提膝,另一腿连续蹬地前移。

(2)双腿纵步:实战姿势开始,两脚同时蹬地起跳。

四、擒拿与反擒拿技法

武术擒拿技法内容体系丰富,日常可用于健身,并极具实用防卫价值的技法有如下几种。

(一)缠臂推击

对方背后抓我方右肩(图 9-20),应迅速左后转,左臂抡绕缠夹对方右臂,右掌推击对方下颌(图 9-21)。

图 9-20

图 9-21

(二)挑掌抓拧

对方正面左手抓握我方手腕,应及时上步,屈肘,挑掌(图 9-22);内旋小臂,右掌由上向右下翻切,反抓对方左腕,右脚后撤,翻拧对方手腕(图 9-23)。

图 9-22

图 9-23

(三) 掀压击肘

对方正面双手抓我方双肩；应用双手从对方双手间环抱，左臂上掀，右臂下压其肘部解脱；再以左手顺对方右臂内侧下捋，刁抓其右手腕，上步，屈肘横击对方左颊（图9-24）。

图 9-24

(四) 扣腕格肘

对方正面抓我方右腕，可用左手由上向下扣握住对方右手，并屈右肘横抬（图9-25）；左脚上步，右手变掌，反抓握住对方右手腕，并用力向内拉，上体右倾，左肘向下格压对方右肘（图9-26）。

图 9-25

图 9-26

(五)撑脱顶肘

对方身后双臂抱我方,应快速后撤步、下蹲,屈肘外撑解脱;随后,可以左手刁抓对方右腕,右肘尖猛击对方肋部(图9-27)。

图9-27

(六)抓颈顶裆

对方正面掐我颈喉,我方应立即后撤步,屈肘上抬,两小臂从里向外格挡对方小臂;顺势以手掌砍抓对方颈部,并趁机抓握对方后颈部,抬右膝,顶击对方(图9-28)。

图9-28

(七)拧颈顶裆

对方正面搂抱我方腰部,应用右手扳对方后脑并猛带入怀,左手推按对方下颌,拧转对方头部以解脱;随后,抬左膝顶击对方(图9-29)。

(八)拉臂侧摔

对方背面锁我方喉部,应迅速用右手抓对方小臂(图9-30),左脚撤步,左转身,左臂向后下外拨对方身体,将对方摔倒(图9-31)。

图 9-29

图 9-30

图 9-31

第三节 摔跤

一、摔跤概述

摔跤运动是我国传统武术的重要组成部分,是一项由两人直接接触、互相搂抱或抓握,旨在摔倒对方的对抗运动。

任何体育运动的起源都可以追溯到原始社会的生产生活实践,摔跤也不例外,早期人类与野兽搏斗,掌握了搏斗技巧,后与人相搏,搏斗技巧更加丰富,并在战事中和日常相搏娱乐中不断发展,演变为一项独立的对抗运动。

中国式摔跤运动不同于西方现代摔跤,现代摔跤兴起于西方国家,后形成古典式摔跤(希腊-罗马式摔跤)和自由式摔跤两大形式,其中,自由式摔跤是奥运会正式比赛项目。中国式摔跤融入了传统武术动作,兼具健身与技击价值。

二、摔跤基本功

摔跤的基本功练习有部分内容与武术基本功是相似或相通的,此外,摔跤基本功练习有自己独特的一些方法。以下基本功练习方法可有效活动身体,改善身体柔韧性、灵敏性。

(一)伸筋

1. 肩部练习

(1)单臂绕环:左弓步,左手按左大腿,右臂上举,由上向后、向下、向前绕环一周,此为后绕环,前绕环与后绕环动作相同方向相反。

(2)双肩绕环:以肩关节为轴,左右两臂依次由下向前、向上、向后绕环,再反方向绕环。

(3)双臂交叉绕环:两脚开立,直臂上举,左臂向前、下、后;右臂向后、下、前,双臂同时划立圆绕环。

(4)垫上压肩:跪坐,上体前俯,直臂前伸,与肩同宽,挺胸、塌腰、收髋,向下振压肩。

2. 腿部练习

(1)肋木压腿:借助肋木进行正前压腿、侧压腿、后压腿,具体压腿方法同武术基本功压腿。

(2)肋木踢腿:借助肋木进行正踢腿、侧踢腿、后踢腿,踢腿方法同武术基本功踢腿。

(3)仆步压腿:左右开立,右腿屈膝全蹲,挺左膝,脚尖内扣,全脚掌着地,两手分别抓握两脚外侧。

(4)垫上后压腿:跪于垫上,双腿并拢,两手后撑。上体努力向下压振。

(5)竖叉和横叉:两腿前后竖向或左右横向成一条直线。

3.腰部练习

(1)俯腰:包括前俯腰和侧俯腰,具体方法同武术基本功俯腰练习。

(2)甩腰:开步站立,两臂上举。以腰、髋关节为轴,上体做前后屈动作,两臂随摆。

(3)涮腰:开步站立。上体前俯,两臂下垂左前伸,以髋关节为轴,向前、向右、向后、向左绕环一周。

(4)下腰:左右开立,腰后屈,挺胸,两手向后、下撑地成桥。

(5)头桥:两脚开立,与肩同宽,头、手向后撑地,挺腰,双脚与头做支点支撑。

(二)倒地功

倒地功是摔跤的一种保护方法,可有效避免倒地摔伤。

1.前滚翻

蹲立,两手前撑,两脚蹬地。提臀,屈臂低头,屈体前滚;当背部着地时,屈膝团身,两手抱小腿中前部,上体跟上成蹲立。

2.后滚翻

背向滚动方向,蹲立。身体后移,双手推地,低头,圆背,团身后滚,屈臂内夹,两手反撑于肩上,手指向后。

3. 鱼跃前滚翻

屈膝直立,两臂前摆,两脚向下后方用力蹬地,身体向前上方跃起。腾空时留腿控髋,低头,屈体前滚,背部着地时,屈膝团身成蹲立。

三、摔跤基本动作

(一)手法

1. 跤衣抓握

跤衣是摔跤运动专业服装,无论训练还是比赛都必须要穿,抓握跤衣是常用牵制对方的动作方法,通常以拇指在内,其余四指在外抓握对方跤衣,根据需要可抓握对方跤衣的不同位置。

(1)大领抓握:抓握对方衣领。

(2)捌扒领抓握:抓握对方跤衣。

(3)小袖抓握:抓握对方小袖。

(4)直门抓握:虎口朝上,抓握对方跤衣直门。

(5)偏门抓握(揪偏门):虎口朝上,抓握对方跤衣偏门。

(6)后带抓握:右(左)手经对方左(右)肩,手心朝下捌抓对方跤衣后带。

2. 手臂抓握

(1)拿臂:两手拿住对方手臂拉攥。

(2)倒臂:两手倒拿对方一臂,横于自己胸前。

(3)接臂:两手接拿对方一臂,借对方夺臂仰身之机进招。

(4)摞臂:右(左)手掳住对方右(左)上臂摞拉。

(5)圈臂:以右(左)手圈住对方左(右)上臂,令对方难以转动。

3. 颈部抓握

(1)抱脖:以手臂搂住对方脖颈,钳住对方。

(2)夹脖:双方相背,以肘部夹住对方脖颈,令对方不得动弹。

(3)反夹脖:双方相对,以肘部夹住对方脖颈,腋下发力,用手挟对方下巴。

(二)步法

(1)上步:脚步向前纵向移动。

(2)跨步:横向移动,逼近或远离对方。

(3)撤步:纵向积极后移。

(4)滑步:前脚往前纵向滑动,后脚紧随。

(5)划步:活腿(前腿)经底腿前走弧形步。

(6)败步:败中求胜步法,不得脱身和进招时,待对方扒腰紧迫时,借力转体用腿起别子,以活腿侧后横跨移动。

(7)车轮步:活腿向后侧走弧线,底腿随之后撤。

(8)三点步:第一步上活腿稳定重心,第二步上底腿调整距离,第三步上步攻击。

四、摔跤实用技法健身

(一)过肩摔法

1. 抱单臂挑

甲、乙互相插捧,甲左臂夹乙右臂,右臂夹住乙右臂,右腿别乙右大腿,身体向右下力压乙单臂,使乙后倒(图9-32)。

2. 握臂过肩摔

甲、乙右势站立,甲右臂夹乙右臂于腋下,右肩插乙右腋下,上右步于乙右脚前,背右步于乙右脚前,屈膝,降低重心,下拉双臂,双腿蹬地,将乙过肩摔倒(图9-33)。

3. 钻扛向后摔

甲左势、乙右势站立。甲右手抓握乙右腕,左臂圈乙右臂,右转体,胸部挤压乙右臂。乙后挣,甲降低重心,右膝跪地,头部潜入乙右腋下,将乙抱腰摔倒(图 9-34)。

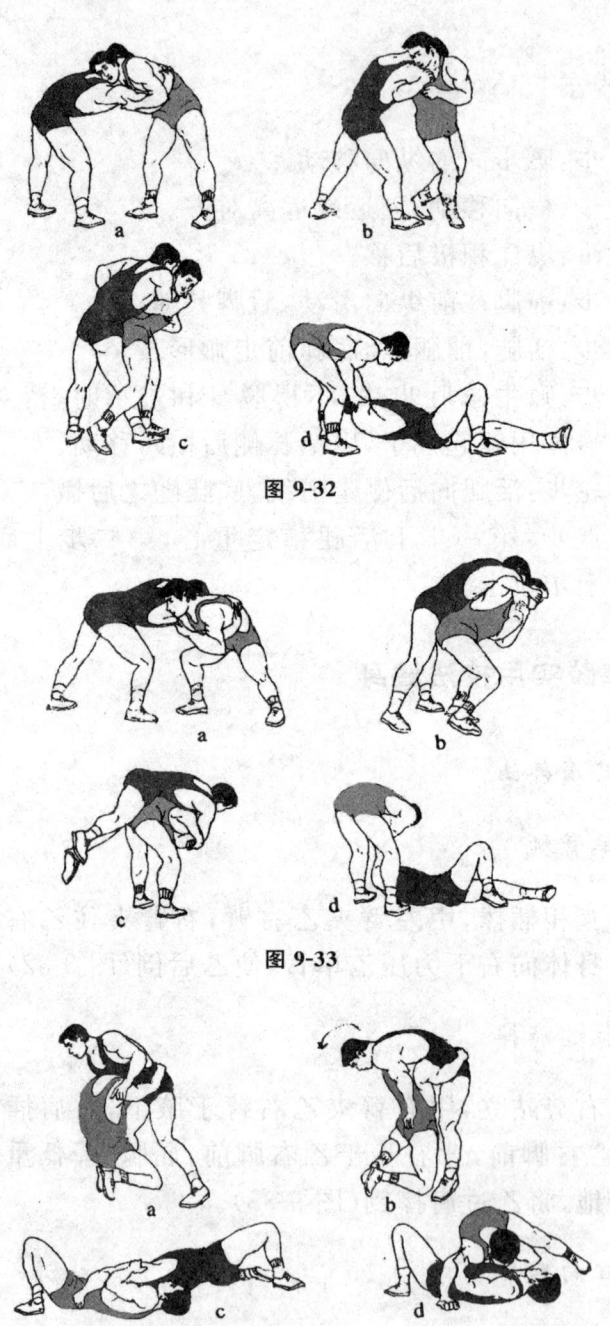

图 9-32

图 9-33

图 9-34

(二)过背摔法

1. 抱肩颈过背摔

甲、乙右势站立,甲左手插入乙右腋下,右手圈乙头颈,上右脚于乙右脚前,背左步于乙左脚前,屈膝,降低重心,将乙背腰摔倒(图9-35)。

图9-35

2. 握颈和臂过背摔

甲、乙右势站立,甲左臂夹乙右臂,右臂握乙头颈,上左步于乙左脚前,左脚背步于乙左脚前,屈膝,降低重心,将乙背腰摔倒(图9-36)。

图9-36

3.握臂和躯干过背摔

甲、乙右势站立,甲左手握乙右臂,右手扶乙后背,上右脚于乙右脚前,背左步于乙左脚前,屈膝,降低重心,将乙背腰摔倒(图9-37)。

图 9-37

(三)过胸摔法

1.正抱躯干过胸摔

甲、乙互搂肩颈,甲上右步,屈膝,两臂勒抱乙左臂,后倒,以腹撞击对方,倒地前瞬间,左转体,将乙摔倒(图9-38)。

图 9-38

2.侧面抱躯干过胸摔

甲、乙右势站立,甲右手握乙左腕,左手握拉乙左上臂,右脚上步于乙左脚后,双臂搂抱乙上体及左臂,屈膝蹬地,挺腹后仰,将乙向后摔倒(图9-39)。

图9-39

3.后抱腰过胸摔

甲身后勒抱乙腰,屈膝,主动后倒,蹬地发力,以腹撞击乙臀部,后仰,将乙摔倒(图9-40)。

图9-40

(四)抱绊腿摔法

1.抱单腿压摔

甲、乙右势站立,双手抱拉乙左大腿,上右步于乙两腿之间,左脚撤步,左手握乙左脚跟,以肩压乙膝,使乙摔倒(图9-41)。

图 9-41

2.抱双腿前摔

甲、乙右势站立,甲臂环乙腿,右上步于乙两腿之间,胸部紧贴乙腿,扛起乙,左转体,屈膝,将乙下摔(图9-42)。

3.内勾腿摔

甲乙互相插捧,甲右腿从乙两腿间向外勾其左腿,将乙摔倒(图9-43)。

(五)抱折摔法

1.抱单臂折

甲乙互相插捧,甲左臂夹乙右臂,右手握乙右臂,引牵乙时突然左前发力,下折乙单臂,将乙向后摔倒(图9-44)。

图 9-42

图 9-43

2. 抱腰折

甲乙互相插捧,甲右臂上捧乙左腋,突然下沉身体,左手与右手搭扣抱乙上体及左臂,上右步于乙双脚间,勒抱乙腰并前顶,将乙向后摔倒(图9-45)。

武术文化传承与健身推广研究

图 9-44

图 9-45

· 254 ·

参考文献

[1]李翠霞.解构武术[M].北京:经济日报出版社,2016.

[2]李德祥.中华武术教程[M].北京:中国人民公安大学出版社,2018.

[3]杨祥全.中国武术思想史[M].太原:山西科学技术出版社,2017.

[4]蔡忠林,周之华.武术(第二版)[M].北京:高等教育出版社,2009.

[5]邱丕相.中国武术史[M].北京:高等教育出版社,2008.

[6]宋希仁.马克思恩格斯道德哲学研究[M].北京:中国社会科学出版社,2012.

[7]李守培.中国传统武术伦理研究——人人、身心、天人的视野[D].上海体育学院博士论文,2016.

[8]温力.武术与武术文化[M].北京:人民体育出版社,2009.

[9]华博.中国世界武术文化[M].北京:时事出版社,2007.

[10]李少玥.武术在传统文化的海外宣传中作用的研究[J].中华武术(研究),2017(12).

[11]韩政,骆红斌.从"总体性社会"到"个体化社会":中国武术发展问题的成因分析[J].北京体育大学学报,2017,40(9).

[12]郭春阳,吕旭涛.全球化背景下中国武术文化的认同危机及其应对[J].体育学刊,2015,25(5).

[13]刘文海.文化认同视域下武术文化传承与对策研究[J].民族传统体育,2015,5(34).

[14]张志辉.竞技武术套路竞赛规则嬗变的研究[D].北京体

育大学,2015.

[15]刘伟林.气韵论[J].华南师范大学学报(社会科学版),1998(4).

[16]冉学东.对中国武术体育化进程的文化反思[J].成都体育学院学报,2014(1).

[17]李亚云.文化自觉视角下武术文化发展研究[D].西安体育学院,2015.

[18]邓正龙,王国亮.中国武术国际传播的批判性解读与应对策略研究[J].大众体育,2017(12).

[19]张岱年,程宜山.中国文化与文化论争[M].北京:中国人民大学出版社,1990.

[20]吴永存,张振东.全球化场域下我国少数民族传统武术文化的传承与发展[J].北京体育大学学报,2016,1(39).

[21]李龙.论中国传统武术的当代发展路径[J].体育与科学,2012(1).

[22]王耀希.民族文化遗产数字化[M].北京:人民出版社,2009.

[23]何艳强.武术教育中武术文化传承的研究[D].河南大学硕士论文,2013.

[24]李智华.谈高校武术课程改革的文化路向[J].才智,2018(8).

[25]孙珺璟.针对体育武术教学中文化教育性的缺失及重塑[J].当代体育科技,2017,7(35).

[26]梁佳佳.基于"非遗"传承机制——诠释传统武术发展之路[J].中华武术(研究),2018(9).

[27]常伯深.文化学视域下传统武术文化空间的审视[J].中华武术(研究),2017(11).

[28]赵世林.论民族文化传承的本质.北京大学学报(哲学社会科学版),2002(3).

[29]文化自信——习近平提出的时代课题[N].国务院法制

办公室,2016-08-08.

[30]李彪.健康中国视阈下中华武术传统文化与时代价值[D].苏州大学硕士论文,2017.

[31]张国良,戴国斌."身体消费"视域下武术的挑战与反思[J].沈阳体育学院学报,2017,36(6).

[32]王亮.传统文化与现代健身需求对武术的发展及影响[J].当代体育科技,2016,6(27).

[33]樊炳有.社区体育论[M].北京:北京体育大学出版社,2003.

[34]国家体育总局武术研究院.长拳[M].北京:高等教育出版社,2009.

[35]罗雪琳.浅析八段锦的养生功效[J].体育世界,2010(2).

[36]周庆海.传统养生功法:八段锦 五禽戏 太极拳 易筋经[M].北京:化学工业出版社,2013.

[37]王智慧.散打技术与实战训练[M].北京:人民体育出版社,2012.

[38]胡玉玺,陈胜利.中国式摔跤教程[M].西安:西安交通大学出版社,2014.

[39]周小青,张冬琴.实用擒拿格斗术[M].北京:金盾出版社,2015.